Adeus ao medo
de falar em público

Ruthe Rocha Pombo

Adeus ao medo de falar em público

EDITORA
IDEIAS&
LETRAS

DIREÇÃO EDITORIAL:
Marlos Aurélio

CONSELHO EDITORIAL:
Avelino Grassi
Fábio E. R. Silva
Márcio Fabri dos Anjos
Mauro Vilela

COPIDESQUE E REVISÃO:
Leo A. de Andrade

DIAGRAMAÇÃO:
Tatiana Alleoni Crivellari

CAPA:
Augusto Bellisoni Júnior

Todos os direitos em língua portuguesa, para o Brasil, reservados à Editora Ideias & Letras, 2017.

2ª impressão

EDITORA
IDEIAS&
LETRAS

Rua Barão de Itapetininga, 274
República - São Paulo /SP
Cep: 01042-000 – (11) 3862-4831
Televendas: 0800 777 6004
vendas@ideiaseletras.com.br
www.ideiaseletras.com.br

Dados Internacionais de Catalogação na Publicação (CIP)
(Câmara Brasileira do Livro, SP, Brasil)

Adeus ao medo de falar em público/ Ruthe Rocha Pombo
São Paulo: Ideias & Letras, 2016

ISBN 978-85-5580-022-1

1. Comunicação oral 2. Falar em público 3. Oratória
I. Título.

16-07170   CDD-808.51

Índices para catálogo sistemático:
1. Arte de falar em público: Retórica   908.51
2. Falar em público: Retórica   808.51

Agradecimentos

Agradeço a Deus, o infinito sustentador de minha vida, no qual me apoio e me rejubilo em todo amanhecer.

À Editora Ideias & Letras e quatro nobres representantes: Avelino, Valério, Leo e Tatiana, que, com um afeto igualzinho ao cuidado de mãe, me tomaram nos braços, me embalaram com carinho, com delicadeza; me ajudaram, me acompanharam, me corrigiram e me engrandeceram. Um duplo e eterno agradecimento.

Agradeço, ainda, à equipe de anjos que Deus me enviou para que o pecado da procrastinação não mais me seduzisse:

Obrigada, Adriane, Maria Sabina, Armando, Fábio, Felipe e, em especial, Ilka Avelar, de Belo Horizonte, Minas Gerais, que é o meu socorro permanente.

Deus os abençoe.

Dedicatória

Dedico este livro a todos os meus alunos, comunicadores valentes, corajosos e ousados que, antes tímidos, medrosos e inseguros (porque desconheciam seus verdadeiros atributos), hoje se irradiam diante de uma plateia, com muito prazer e muita euforia.

SUMÁRIO

APRESENTAÇÃO   11
PREFÁCIO   17

Parte I
CONDIÇÕES TÉCNICAS DA BOA ORATÓRIA   21

1. Histórico da oratória   23
2. Gêneros de oratória   25
3. Lema do curso de oratória – Caef   27
4. O discurso   33
5. Para ler um discurso   43
6. Discurso esquematizado   44
7. Uso do microfone   44
8. Recursos audiovisuais   50
9. O que um orador deve evitar no seu discurso   54
10. Plateia   58
11. Ambientes onde se processa a oratória   59
12. Barreiras verbais   60
13. O que impede uma comunicação saudável, inteligente e efetiva   61
14. Os 6 elementos da comunicação   62
15. Exercícios   67
16. Contribuições para o bom uso de nossa língua   79
17. Ilustrações para a introdução ou conclusão do discurso   83

Parte II
PRECIOSAS DICAS DE ORATÓRIA 109

Parte III
DISCURSOS INÉDITOS 137

Parte IV
PALAVRAS DE ESTÍMULO ÀS CRIANÇAS 163
QUE DESEJAM SER ORADORAS,
COMUNICADORAS E LÍDERES

BIBLIOGRAFIA 171

Anexo 1. O que é oratória 173
Anexo 2. A quem interessa a oratória 175

APRESENTAÇÃO

Minha história

Quando eu tinha 7 anos, pela primeira vez enfrentei um grande público, cantando no Clube Mirim da minha cidade, Palmeira, no interior do Paraná. Cantei bonitinho e o animador do programa me incentivou a voltar no domingo seguinte, com uma nova canção.

Senti-me orgulhosa. Passei a semana inteira decorando, repetindo e exercitando a nova música que iria apresentar, mas para minha grande surpresa, exatamente na hora em que as cortinas vermelhas do palco iriam se abrir e eu começaria a cantar, um dos rapazes do conjunto musical me alertou: "Ruthe, não conseguimos pegar o seu tom. Cante a música da semana passada". Eu gelei. Fiquei estática. Foi um choque enorme. Evidentemente não consegui cantar. Minha autoestima ficou estraçalhada. Nos dias que se seguiram, eu andava pelas ruas e o temor pelos olhos dos outros apavorava-me. Na minha concepção de criança ferida, eu via censura e ironia nos olhos das pessoas. Pura imaginação da minha cabeça. Mas o medo, a insegurança e a humilhação já haviam se instalado dentro de mim.

Nunca mais voltei ao Clube Mirim. Odiava pensar em me apresentar ou falar diante de qualquer grupo. Comecei uma triste história de medo de falar em público e rejeição.

A história de nossos amores e desamores, como escreve o deputado, psiquiatra e comunicador Eduardo Mascarenhas, há muito tempo falecido, a biografia de novos encontros e desencontros são fatores para o aparecimento do medo e da timidez. Se formos rejeitados, mal-amados, não aceitos, é natural que se instale em nós o sentimento de desvalorização. Essa desvalorização deixa a nossa ternura frouxa para enternecer. Todo nosso brilho parece impotente para deslumbrar. Nossa iniciativa parece débil para transformar; nossa bondade, impotente para emocionar; nossa força parece muito fraca para realizar (agir). Depois de tanto fracasso, há um pressentimento de que se repetirão novos fracassos. E em uma só palavra, surge a desconfiança, de nós e dos outros enfim. Identifiquei-me muito com Eduardo Mascarenhas, que se intitulava o homem mais tímido do mundo. Eu, a mais tímida do planeta Terra.

Ele, que escrevia, ministrava palestras, fazia conferências em universidades e apresentações em rádio e TV, disse que o medo de não ser aceito e o medo de ser rejeitado é universal. Mas, existem pessoas que parecem ter recebido uma força hercúlea para suportar o medo, e uma inspiração divina para saber como superá-lo. São obstinadas, têm um jeitinho simplesmente irresistível. E se não comovem aqueles que a cercam, insistem até descongelar geleiras; a sua fé é tão inabalável quanto a sua crença na bondade das outras pessoas. O mundo inteiro pode ter sido cruel, mas prosseguem acreditando que mais cedo ou mais tarde tudo mudará, que um dia aparecerá o lado belo das pessoas e elas se encontrarão no espaço da emoção e da poesia. Essas pessoas nascem como uma espécie de fé instintiva que não se abate com o fracasso.

Quando completei 19 anos, fui trabalhar num dos mais conceituados colégios de Curitiba, o Julia Wanderley. A diretora do colégio era uma mulher dinâmica, criativa, entusiasmada, e como eu era a mais tímida entre as trinta professoras do colégio, não entendi porque ela me escolheu para falar na comemoração do Dia da Bandeira. Desta vez sim, preparei com esmero um texto sobre a bandeira do Brasil. Mas na hora da apresentação, pedi a uma colega que segurasse meu papel (a minha referência e a minha segurança), enquanto eu ia ao toalete. Naquele momento, a minha colega sumiu com meu papel, afastou-se de mim; quando eu retornava, a diretora segurou meu braço, me colocou diante do microfone e me apresentou para um grupo enorme de pessoas. Eu, aflita, procurava a minha colega, e novamente fui tomada pelo pânico e trauma diante daquele grande público. Falei apenas uma única frase e não consegui completar. Que vergonha! Pensei que ia morrer. Tive taquicardia e parei.

A minha diretora, eu pensava, não enxerga. Embora me visse tão tímida, tão insegura, era alguém que acreditava em mim. Ela era o retrato da motivação. Minhas derrotas não a assustavam.

Mas aconteceu um fato triste: essa amiga querida veio a contrair uma doença grave e faleceu. Como era uma diretora muito conceituada, muito conhecida e amada na cidade de Curitiba, o povo todo queria demonstrar sua gratidão. Então, os responsáveis pela escola sentiram que alguém precisava homenageá-la na hora do enterro.

Vocês não acreditam! Minhas colegas, que eram desinibidas, faladoras, se recusaram a realizar essa tarefa, e por isso, alguém veio me pedir que a fizesse. Quase enlouqueci, mas aceitei, não tinha saída e também havia uma grande gratidão de minha parte. Eu tinha apenas algumas horas para preparar o meu discurso. Fui para minha casa, entrei no meu quarto, chorando de medo, dobrei meus joelhos e fiz uma oração, uma desesperada oração: "Senhor", disse eu, "eu aceito tremer, sentir frio no estômago, gaguejar, mas eu te peço que aquilo que eu transmitir seja ouvido e compreendido nem que seja por uma única pessoa".

Deus me ouviu. E muito mais do que eu pedi, Deus me deu. Tirou o frio do estômago, a tremedeira, não gaguejei, e o discurso foi um sucesso. A partir daquele dia, comecei a ser convidada por várias entidades para falar: escolas, igrejas, empresas, e quando completei cem palestras, recebi um diploma chamado "Pergaminho de ouro" pela minha contribuição ao estado do Paraná.

Mas eu não estacionei aí, participei e continuo participando de vários cursos de oratória. Estudo constantemente, assisto a palestras, leio muito. Ainda não sei tudo e nunca saberei, a oratória é uma estrada apaixonante, graciosa e iluminada, e para mim nunca terá fim.

Eduardo Mascarenhas testemunha:

Como me libertei do medo de falar em público?
Falando em público, fazendo das tripas coração,
mas indo lá.

Lembro-me da primeira vez que eu ia falar em público. E não era verdadeiramente uma conferência; na realidade, era um pequeno grupo de estudos, composto de umas oito ou dez pessoas. E eu já tinha uns 23 ou 24 anos. Foi um horror dos maiores que já passei na minha vida. Uma semana antes, a ideia não saia da minha cabeça. As coisas pareciam enevoadas, o chão parecia oscilar como se eu estivesse num navio, corriam-me agudas sensações de estranhamento.

Quando eu me imaginava indo para o lugar onde eu falaria, vinham a minha cabeça ideias sinistras, como a de estar indo para uma cadeira elétrica. Como eu estava fazendo análise, eu sacava que estava apenas apresentando sintomas de perda de identidade, e essa perda de identidade se dava por uma sobrecarga de tensão em minha mente.

Minha segunda experiência de falar em público também foi terrível. Desta vez foi uma conferência no Museu de Arte Moderna e haveria mais de 150 pessoas. Como cheguei cedo, fiquei sentado ao lado da porta, esperando que ninguém viesse. Cada pessoa que chegava era como se eu levasse um choque elétrico.

Nem sei como consegui dirigir meu carro até o Museu de Arte Moderna. Além daquelas sensações, eu ficava com a nítida impressão de que meu coração ia explodir. Se tirasse minha pressão, acho que ela estouraria as válvulas de segurança até de uma usina termonuclear. Começou a conferência. Os primeiros dez minutos foram terríveis, depois a angústia foi baixando, até desaparecer completamente. Quando terminou, estava morto de vontade de beber água e comer um doce, não só porque estava com sede, já que meu corpo suava, e com fome, já que meu corpo consumia energia. Não. Era a minha alma que havia perdido tanta seiva de vida que precisava recuperá-la. E a água e o açúcar eram o símbolo desta seiva perdida. O doce tinha ainda o sentido simbólico de repor doçura na minha alma, já que ela ficara tanto tempo se sentindo faminta de doçura. A minha vontade de ir ao banheiro, anterior à conferência, simbolizava a necessidade de tirar de mim algo ruim, tirar de dentro de mim os meus pecados a fim de entrar de forma limpa e obter melhor acolhida do meu público, que estava sendo vivido por mim como um tribunal de severos juízes.

Conto essas coisas, em primeiro lugar, porque muitas pessoas me contam coisas íntimas delas, de modo que acho justo eu contar as minhas de vez em quando.

Em segundo lugar, porque quero mostrar que esse tipo de angústia acontece com muita gente, até mesmo com psicanalistas...

Em terceiro lugar, porque sou visto em programas de televisão, comícios, em palestras, conferências em universidades, sou ouvido na rádio, o que revela que há esperança para aqueles cuja angústia de falar em público seja fortíssima. É possível que haja muita gente que sinta angústia tão forte quanto eu sentia, mais forte porém acho difícil. Hoje, após anos de luta, posso dizer que não me sinto mais aterrorizado diante desse tipo de situação.

Falar aprende-se falando...

PREFÁCIO

Há muito tempo, a arte da oratória vem ganhando notoriedade e importância. São raríssimos os comunicadores, tais como jornalistas, apresentadores de televisão, radialistas, conferencistas e professores, que não procuram aperfeiçoar sua oratória. A expressão facial e corporal, entre outras coisas, é fator fundamental e decisivo para o viver.

Oratória é algo que diz respeito a todos nós. Saber se comunicar é o que todos desejamos. Alguém pode perguntar: o que tem a ver a oratória com o nosso dia a dia? Ora, muito! Estamos sempre nos relacionando uns com os outros, e sabemos que toda relação supõe comunicação, seja falada, escrita ou gesticulada. Assim, cada vez que uma pessoa se expressa enquanto outra lhe dá atenção, temos aí um orador a exercer a oratória.

Por compartilhar da visão acima referida, por necessitar, na profissão, expor trabalhos em congressos, simpósios ou eventos; por ter algumas dificuldades como não conseguir olhar diretamente, olho no olho, não conseguir ter uma visão apurada do público que está em nossa frente, sentindo e sabendo que isto é importante; por ficar bastante nervoso ao ter que se apresentar, tendo sintomas como taquicardia e sudorese, a ponto de comprometer a *performance* – por isso tudo é que é necessário ter boa preparação de oratória.

Ruthe Rocha Pombo é advogada e professora de comunicação, e há anos criou o Curso de Oratória Caef. Tive a feliz oportunidade de conhecer a comunicação em pessoa: uma profissional que ensina com a autoridade de quem domina o assunto e com o carinho e alegria de uma das mais generosas e graciosas pessoas que já conheci em minha vida. Como se não bastasse, além dos conhecimentos sobre a oratória – seu histórico, seus gêneros, os tipos de discursos, a estrutura dos discursos, como lidar com o microfone e com a timidez, a importância da postura, do olhar, dos gestos – há muito em seu curso e livro sobre pontos que permeiam a comunicação e que nem sempre são abordados nos cursos e literaturas disponíveis. A começar pelo título e lema do curso, que diz respeito à prática da **Cabeça Fria**, do **Amor** em ação, da **Empatia** e da **Força: CAEF.**

Neste sentido, aprendi que mais importante que falar bem é bem falar, é comunicar vida, é comunicar amor e verdade, e verdade com amor. Aprendi a comunicar e amar através do olhar, a superar o medo da crítica, o medo da exposição, que, em realidade, provém de uma autocrítica muito severa e de um descrédito na grande verdade que é ser único, e, portanto, diferente; e se eu, ou cada pessoa não imprimir seu tom, sua cor entre as demais, a humanidade com certeza ficará empobrecida em sua musicalidade e seu colorido.

Tomei consciência de que, ao exercer a oratória, preciso dar o melhor de mim, desenvolvendo o autocontrole, o que não quer dizer estar sempre tranquila ou o que seja, mas, apesar de qualquer intranquilidade, estar consciente da importância da mensagem a emitir e procurar oferecer o melhor, com muito amor, com vida. Descobri que ser orador(a) se aprende sendo-o!

Posso dizer, com a certeza e a honestidade de quem já fez o curso e leu esta e novas perspectivas acerca do que é ser orador(a), de como se pode sê-lo de uma forma coerente e edificante para si próprio e para os outros e, finalmente, de como, através do simples exercício da oratória, do ato de comunicar, podemos transformar o mundo em que vivemos.

Iris Maria Tibúrcio Duarte
Psicóloga e psicoterapeuta; ex-aluna
do Curso de Oratória Caef e monitora do curso

Parte I

CONDIÇÕES TÉCNICAS DA BOA ORATÓRIA

1. Histórico da oratória

Na Antiguidade, a oratória, entre os gregos e os romanos, passou a integrar a formação do cidadão desejoso de assumir funções ou cargos de direção.

Era ensinada pelos *reitores ou retores*, por isso a disciplina se chamava Retórica (conjunto de todos os recursos da linguagem). Teve início no século V a.c., na Grécia, principalmente em Atenas, com Platão, Aristóteles e Sócrates, depois em Roma, com Cícero, considerado o grande orador, tanto na oratória política como na oratória jurídica.

O maior orador que a história registrou até hoje, com exceção de Cristo, foi Demóstenes, um homem que possuía um problema sério de dicção, mas que, graças ao seu esforço desmedido, venceu e se tornou conhecido no mundo inteiro pela sua fantástica oratória.

A oratória viva tem início no século XV, com a oratória sacra ou *sagrada,* com São Basílio, São João Crisóstomo, Santo Ambrósio e Santo Agostinho, que transmitiram às civilizações da Europa Ocidental a herança da eloquência greco-latina.

A única oratória que a Idade Média conheceu foi a oratória sacra, no século XII. Foi muito grande a influência exercida pela pregação de São Bernardo, São João Boaventura e Santo Antônio de Pádua.

No século XV, os concílios de Latrão e de Trento decretaram severas medidas para disciplinar a oratória, pois os pregadores da Reforma procuravam ganhar seu auditório pela gravidade de suas pregações (Calvino, Farel e Viret).

As características dessas pregações continuam até hoje, em contraposição aos oradores católicos da Contrarreforma, tais como São Francisco de Sales, São José de Anchieta e

São Felipe Néri, que aderiram a uma oratória caracterizada pela simplicidade.

Entretanto, somente no século XVIII a oratória encontrou seu equilíbrio. Foi recentemente que a oratória sacra criou formas mais adaptadas às necessidades da sociedade moderna.

Segundo o escritor romano Catão, "o orador é o homem de caráter amigo do bem".

Para Marcelo Mota, professor, escritor e orador, a oratória é a "arte de falar, usando a eloquência natural, aperfeiçoada pela retórica".

Não apenas as autoridades, mestres ou especialistas da palavra é que se veem obrigados a falar em público. Virtualmente, todos estão sujeitos a essa contingência.

Toulemon assim se expressa: "Por trás da facilidade do orador, há um trabalho louco de leitura, reflexão, pesquisa e muito exercício".

O povo é considerado um búfalo sem cabeça e o orador é a cabeça desse búfalo; portanto, o orador tem a função de alta responsabilidade de guiar o povo. Faz-se necessário que o orador seja portador de um caráter reto, verdadeiro e abomine qualquer tipo de manipulação ou persuasão negativa.

Termos como "papo de vendedor", persuasão e até retórica carregam conotações desagradáveis para aqueles que acham que utilizar artifícios de persuasão ou de retórica é cair na sofística.

Particularmente, tenho bastante prudência com essa palavra. A persuasão é uma faca de dois gumes. Faz-se necessário muito discernimento e sabedoria para usar esse recurso tentador. O *rapport* é filho adotivo da persuasão.

Platão escreveu duas grandes obras, *Górgias* e *Fédon*, nas quais ataca a persuasão por considerá-las de cunho imoral e manipulador, por não cuidar da verdade. Os persuasores, conhecidos como sofistas, afirmavam que através das palavras poderiam levar os homens aonde quisessem. A persuasão é intolerada por Platão e Sócrates. Ambos entendiam que se trata de uma argumentação que propositadamente induz ao erro.

Robson Marinho, escritor e professor, residente nos Estados Unidos, no seu livro *A arte de pregar*, pergunta: "A oratória é uma arte ou uma ciência?" A oratória é uma arte porque requer criatividade, é uma ciência porque exige o conhecimento de técnicas e princípios. Caracteriza-se pela objetividade, concisão, simplicidade e praticabilidade. Todas as qualidades atrativas e desejáveis num orador, como boa voz, facilidade de expressão e simpatia pessoal são úteis, mas não são suficientes. Com essas qualidades, você pode até agradar, mas falhará se não atingir objetivos práticos. Há necessidade de pureza de intenções, retidão de caráter, ficha limpa no mais profundo da alma, para anunciar o bem. O homem, em alinhamento contínuo com Deus, o Infinito "Bem", pode contribuir para construir um mundo novo.

2. Gêneros de oratória

ORATÓRIA SACRA: é realizada em igrejas ou lugares semelhantes. É a oratória que oferece subsídios para o relacionamento do homem com Deus. Própria das coisas divinas, predomina nos conventos e nos mosteiros.

ORATÓRIA POLÍTICA: é pronunciada pelos deputados, governadores, ministros, diplomatas, cônsules e outros. São os discursos dirigidos às assembleias, comícios eleitorais e outros tipos de concentrações populares. Requer cultura geral.

ORATÓRIA JURÍDICA: é a oratória empregada nos tribunais de júri e nos tribunais superiores. Exige sólida cultura jurídica, boa memória e cultura geral.

O orador, neste caso, deve:
- possuir excelente preparo na ciência do Direito, em Direito criminal (penal), ler periódicos e artigos especializados;
- estar a par das teorias criminalistas, das pesquisas psiquiátricas, da biologia e ciências afins;
- ter sólidos conhecimentos de sociologia, história e desenvolvimento dos sistemas judiciários e penais;
- possuir uma linguagem precisa, vibrante e correta;
- ter simplicidade, brevidade e clareza.

ORATÓRIA MILITAR: utilizada pelos oficiais quando se dirigem às tropas, na guerra ou na paz, em alocuções, ordens do dia, pronunciamentos e datas cívicas. Os discursos militares destacam-se pela tonalidade, pelo tom de voz elevado e positivo.

ORATÓRIA ACADÊMICA: é a oratória de ocasiões formais. O discurso acadêmico agrada pelo pensamento, imaginação e colorido das frases. É utilizado por paraninfos ou oradores de turma, em comemorações universitárias.

ORATÓRIA EMPRESARIAL: diz respeito a reuniões de gerenciamento, diretorias e empresas.

ORATÓRIA PANEGÍRICA: é a oratória que tem como finalidade prestar elogios aos mortos. Falar apenas das qualidades dos mortos é a exigência. Na oratória jurídica, fala-se também do morto, porém, para acusá-lo e culpá-lo, ou como vítima.

ORATÓRIA ARTÍSTICA: compreende a atuação de atores, cantores, sua expressão corporal, declamações etc.

ORATÓRIA ESPORTIVA: utilizada em momentos de grandes concentrações esportivas, como jogos de futebol, jogos olímpicos, copa do mundo e outros.

ORATÓRIA JORNALÍSTICA: usada para entrevistas, reportagens, locuções, rádio, TV, jornal etc.

ORATÓRIA COMERCIAL: atividades de vendas, apresentação de produtos e congêneres.

ORATÓRIA DIDÁTICA: é utilizada em palestras, encontros, seminários, aulas e outros momentos especiais.

ORATÓRIA PARLAMENTAR: discursos relativos ao parlamento, ministrados por um membro do parlamento ou de qualquer câmara administrativa.

ORATÓRIA FESTIVA: utilizada em festas familiares, batizados, casamentos, homenagens.

3. Lema do curso de oratória – CAEF

Cabeça fria
Amor em ação
Empatia
Força

O Caef é a marca registrada de todos os cursos ministrados por mim.

Cabeça fria

Cabeça fria é a capacidade de administrar as emoções. É sinônimo de *autodomínio*. Autodomínio é a virtude que coloca em nossas mãos as rédeas do nosso próprio "eu", e assim faz-se ele mesmo nosso freio. Exige domínio contínuo. A expressão autodomínio, segundo Haroldo Rahn, implica o controle de tudo o que em nós é renúncia. A *cabeça fria*, ou o autodomínio, é a virtude dos fortes. Nada tem a ver com fraqueza, moleza ou falta de energia. Não é uma qualidade com que se nasce, mas que se exercita com humildade e fé.

"O autodomínio da língua", continua Haroldo Rahn, "é um dos mais difíceis e o de maior importância para a paz interior, sem falar dos efeitos exteriores. Porém, mais difícil do que dominar a língua é refrear o *pensamento*, o mais sutil e insidioso dos inimigos. Mal refreado, um pensamento pode infiltrar-se a ponto de quebrar as comportas da nossa alma e inundá-la num mar de ira, sensualidade ou ódio".

Não ceda à irritação: este é o adágio dos serenos. A irritação e o descontrole emocional só causam tristeza e dor. Não revidar nenhuma agressão é sabedoria. Serenidade é saúde. Sabemos também que palavras brandas e suaves afastam a ira, mas palavras cruéis suscitam o ódio.

O orador não pode desconhecer estas verdades, sua arma para vencer é a *cabeça fria,* pois *agressividade* é uma figura horripilante, que amedronta, afasta, gera humilhação!

Para administrar a cabeça quente:

- Tome consciência de sua cabeça quente.
- Tente adiar a atitude de agressividade.
- Combata a autopiedade.

- Partilhe com alguém as reações de cabeça quente.
- Ore para que Deus cure as raízes de sua agressividade.
- Escreva, desabafe suas emoções em um papel, depois rasgue e jogue fora.
- Perdoe.

Quando agredido:

- Escute até o final.
- Não revide, não interrompa.
- Agradeça a sinceridade da pessoa que teve a coragem de expressar o que estava sentindo a seu respeito. Procure agir com serenidade, olhar sem ódio. Faça o bem a quem está lhe fazendo mal.
- Peça ajuda com humildade, mas sem se sentir humilhado.
- Comprometa-se a mudar.

Dias mais tarde, procure o ofensor e diga-lhe com honestidade que se sentiu ferido, mas que o perdoa e deseja reconciliar-se com ele. Mas cuidado! Lembre-se de não recomeçar a briga... Este último passo é a *reconciliação*.

Amor em Ação

Amar a nós mesmos, a Deus e ao outro são três tipos de amor que desembocam num só.

O amor é muito mal interpretado. Há uma crença antiga de que amar os outros é virtude, mas amar a si mesmo é egoísmo, e essa concepção vem de muito longe. João Calvino dizia que o amor próprio é uma peste. Amar os outros era virtuoso, mas amar a nós mesmos era pecaminoso.

O escritor Paul Tillich sugeriu que fosse abandonada a expressão "amor próprio", substituindo-a por "autoaceitação". Mas, por mais que se encare os méritos dessa sugestão, não é possível concordar com isso, pois a própria mensagem bíblica adverte sabiamente: "Ama a teu próximo *como a ti mesmo*". Que tipo de sentimentos contraditórios nos levam a negar um mandamento tão absolutamente claro, pergunta Erich Fromm. O elemento fundamental do amor expressa-se numa atitude de respeito, carinho por todas as pessoas, por todas as coisas do mundo, incluindo eu mesmo e não rejeitando a minha pessoa.

"Quem não quer bem a si próprio, não saberá querer bem aos outros. Lançará para os outros suas feridas", diz Erna Winkel.

Não é fácil dar a vida. A tendência do homem é de se afastar, fugir de tudo aquilo que custa, que exige, que dobra, que dói. A tendência maior é buscar o que proporciona prazer, que é fácil, renunciar a nosso "eu", e muitas vezes nos sacrificarmos.

O amor *caritas* é o mais perfeito, é o amor depurado no fogo, livre de projeções enganadoras das ilusões terrenas, que sobe à sua fonte primeira, que é Deus. Não supõe repressão, mas é um confronto e uma superação das dependências e das fantasias. A maneira de amar é um critério de evolução de uma pessoa. Diga-me como amas e eu te direi quem és.

Amor: essa é a lei da vida. Estamos imersos nele, viemos dele e é para ele o nosso destino. O curso de oratória proporciona todo um ambiente no qual o *amor* deve prevalecer e a relação pessoa-pessoa deve crescer, através desse comunicar sério, digno e responsável, banindo todo tipo de competição, dominação ou submissão infantil, caso contrário, a comunhão é vazia, egoísta e danosa.

Empatia

A *empatia* é a capacidade de se colocar no lugar do outro para compreendê-lo. É a delicadeza da alma. Ela é alimentada pelo autoconhecimento: quanto mais conscientes nós somos de nossos sentimentos e de nossas próprias emoções, mais facilmente podemos entender os sentimentos dos outros. Chama-se *empatia* a habilidade de perceber as coisas do ponto de vista do outro, do modo como vemos pelo nosso. É uma atitude difícil de ser desenvolvida, mas o retorno é gratificante. A maior falha no relacionamento humano é a falta de *empatia*. Poucas são as pessoas que possuem essa capacidade, a de saber ou de entender o que o outro sente. Isso não é algo mágico, exige atenção, esforço, é o termômetro do relacionamento. A empatia entra em jogo nos vários aspectos da vida humana:

- nas práticas comerciais;
- em toda administração;
- no relacionamento afetivo;
- na religião;
- na política;
- no ambiente familiar;
- na escola;
- no lazer, no trabalho...

O que mais o ser humano procura na vida é alguém que o compreenda.

Força

Força é a confiança em si mesmo, baseada na fé.

Enquanto vamos nos desligando do "absoluto", vamos sendo tomados pelo relativo, absorvidos por ele. Chegamos a perguntar: para que buscar Deus, por que orar? Para que serve isto?

O grande desabafo de Agostinho: "Tarde te amei, beleza tão antiga e tão nova, tarde te amei! Tu estavas dentro de mim e eu te buscava fora de mim, como um animal, mas eu não estava contigo. Mantinha-me atada, longe de ti. Chamaste-me, gritaste-me, rompeste a minha surdez. Brilhaste resplandecente diante de mim, e expulsaste de meus olhos a cegueira. Exalaste o teu espírito e aspirei o teu perfume, e desejei-te. Saboreei-te, e agora tenho fome e sede de ti, e só em tua presença descansa a minha alma".

"Toda vida é explosão, expansão e adaptação", movimento dinâmico e não mecânico, se essa tensão for sufocada ou detida, deixará automaticamente de ser *vida*, de ser *força*.

Existe uma doença chamada "anemia". É uma enfermidade perigosa (nos chama atenção Inácio Larrañaga) pois chega em silêncio, sem espasmos, e consiste no seguinte: quanto menos se come, menos apetite, e com menos apetite, sobrevém a anemia aguda. No nosso interior se processa exatamente assim. Quanto menos se reza, menos se tem vontade de *rezar*.

À medida que o ser humano vai aumentando a dispersão interior, surgem novos motivos para abandonar o relacionamento com Deus (com o Deus de toda força). O gosto por Deus vai se debilitando à medida que cresce o gosto pelo prazer da multiplicidade dispersiva (pessoas, sensações, festas, jogos, vícios, lazer ou trabalhos excessivos). Com isso, começa a dificuldade por estar alegremente com Deus. E o prejuízo é do homem. Cristo não tem meias medidas: "Sem Mim, *nada* podeis fazer". Ele é a nossa força.

4. O discurso

Segundo o dicionário, discurso é sinônimo de fala, palavra, alocução, homilia, arrazoado; de orar, praticar. É também uma peça. No dicionário de antônimos, o contrário de discurso é "arengar", forma pejorativa de falar, lengalenga, palavrório. Discutir, altercar, intrigar.

Gramaticalmente, o discurso é uma peça elaborada criteriosamente com um objetivo definido.

A estrutura do discurso é a seguinte:

- **Introdução** (ou exórdio);
- **Desenvolvimento** (ou corpo do discurso, ou exposição);
- **Conclusão** (ou término, ou peroração).

INTRODUÇÃO (OU EXÓRDIO): O propósito da introdução é despertar a curiosidade e fazer suspense, ganhar a atenção da plateia, fazer uma pequena transição lógica para entrar no assunto principal, central. Para isso, o orador pode fazer uso de um exemplo imaginário ou real, uma citação de prosa ou poema, algo humorístico; pode trazer uma afirmação. O orador não deve nunca pedir desculpas, justificar-se, dar explicações de seus defeitos ou limitações. Isso não é humildade. Quando um orador chega em frente ao seu público e diz que não teve tempo de preparar seu discurso porque ficou doente, ou que ele não é tão eloquente quanto os outros, ou até que ele não tem muito conhecimento do assunto, a plateia não vai respeitá-lo. Ela poderia perguntar ao orador: "O que é que você veio fazer aqui?" A introdução do discurso deve ser sempre curta, pois a verdadeira essência do discurso deve estar dentro do corpo do mesmo. É válido contar uma anedota relativa à política, mas nunca uma anedota que manche a reputação de alguém, ou seja, maliciosa ou imoral.

> Empregue uma bonita citação filosófica, bíblica, política etc. Embora seja breve, a introdução necessita de um cuidado especial, pois é necessário despertar a atenção da plateia desde o princípio.

DESENVOLVIMENTO (OU CORPO DO DISCURSO, OU EXPOSIÇÃO): É a parte mais importante do discurso. O orador vai passar aos ouvintes o que realmente está pretendendo, e é aí que se encontra o verdadeiro objetivo, a finalidade da mensagem. O desenvolvimento faz uso de exemplos específicos, histórias interessantes, detalhes, minúcias, estatísticas, comparações e contrastes, analogias, em linguagem figurativa.

O que você quer registrar na memória de seus ouvintes? Concentre-se no objetivo principal.

- Estude, pesquise, investigue, converse com as pessoas sobre o assunto. Prepare-se. É isto que lhe dará segurança. Conhecendo bem o assunto, você terá entusiasmo e serenidade.
- Use exemplos, historietas, fatos. O auditório vai entender melhor quando você contar, por exemplo, um fato de sua vida, em vez de ideias brilhantes e elevadas, mas muito abstratas.
- Divida o seu discurso em três, ou no máximo em quatro partes. O auditório vai compreender melhor a ideia central dessa maneira. Ele não dispersará a atenção do seu discurso. Essas subdivisões são enumeradas e apresentadas uma de cada vez: isso torna clara a mensagem. Evite falar sem parar, confundindo a plateia.
- Evite parecer que deseja discutir com o ouvinte, que sabe muito e melhor que todo mundo. Seja amável e interessante, entusiasmado e alegre (salvo se o discurso for fúnebre).

- Opte pela simplicidade: nada de ideias complicadas e de difícil entendimento.

CONCLUSÃO (OU TÉRMINO, OU PERORAÇÃO): Um discurso enfadonho, assim como uma conclusão fria, desinteressante, pode estragar completamente um discurso interessante. Para salvar esse discurso, deve-se projetar o propósito da mensagem de forma que a audiência sinta a situação verdadeiramente, deve-se questionar, desafiar a uma mudança de comportamento. Há quatro tipos de discurso: lido, decorado, esquematizado (o mais usado) e o de improviso. Há um ditado que diz: "Nada se improvisa. Sempre que se vai falar, se fala das coisas que se sabe, ou que se ouviu dizer, ou ainda daquilo que se sente". Perguntaram a Abraham Lincoln quanto tempo ele levava para aprontar um discurso. Ele respondeu: "Um dia de trabalho". E um discurso de improviso? A resposta foi: "Dias de trabalho para prepará-lo".

Na conclusão, sugira a tomada de uma iniciativa, conte uma história engraçada, fale com energia, faça um rápido resumo. Conclua congratulando-se com os ouvintes. Estas são algumas das várias formas de se concluir um discurso.

O término de um discurso não deve apresentar nenhuma dúvida, hesitação. As palavras finais devem ser como uma cortina fechando-se com graça e inteligência, sabedoria. Faça algumas sugestões, convites à ação.

- Faça um resumo.
- Use um exemplo.
- Faça uma bonita citação.
- Leia um poema.
- Reforce a mensagem.

- Dramatize algum ponto da mensagem.
- Termine com uma interrogação sobre algo importante (dentro do tema, é claro).
- Faça um apelo a uma ação prática.

> "Lembre-se: qualquer conhecimento que não mude a qualidade de vida é estéril e de valor questionável" (John Powell).

Etiqueta Protocolar (Extraído de *É tempo de falar em público*, de Tânia Castelliano)

É o conjunto de regras e tradições preestabelecidas que rege o comportamento em ocasiões oficiais.

Presidência da república
Gabinete Civil
Secretaria de Imprensa e Divulgação.

Das normas do cerimonial público.

Da precedência:

Art. 1º O Presidente da República presidirá sempre a cerimônia a que comparecer.

Parágrafo único. Os antigos Chefes de Estado passarão logo após o Presidente do Supremo Tribunal Federal, desde que não exerçam qualquer função pública. Neste caso, a sua precedência será determinada pela função que estiverem exercendo.

Art. 2º Não comparecendo o Presidente da República, o Vice-Presidente da República presidirá a cerimônia a que estiver presente.

Parágrafo único. Os antigos Vice-Presidentes da República passarão logo após os antigos Chefes de Estado, com a ressalva prevista no parágrafo único do artigo 1º.

Art. 3º Os Ministros de Estado presidirão as solenidades promovidas pelos respectivos Ministérios.

Art. 4º A precedência entre os Ministros de Estado, ainda que interinos, é determinada pelo critério histórico de criação do respectivo Ministério, na seguinte ordem: Justiça; Marinha; Exército; Relações Exteriores; Fazenda; Transportes; Agricultura; Educação e Cultura; Trabalho e Previdência Social; Aeronáutica; Saúde, Indústria e Comércio; Minas e Energia; Planejamento e Coordenação Geral; Interior; e Comunicações.

§ 1º Quando estiverem presentes personalidades estrangeiras, o Ministro de Estado das Relações Exteriores terá precedência sobre seus colegas, observando-se critério análogo com relação ao Secretário-Geral de Política Exterior do Ministério das Relações Exteriores, que terá precedência sobre os Chefes dos Estados-Maiores da Armada e do Exército. O disposto no presente parágrafo não se aplica ao Ministro de Estado em cuja jurisdição ocorrer a cerimônia.

§ 2º Tem honras, prerrogativas e direitos de Ministro de Estado o Chefe de Gabinete Militar da Presidência da República, o Chefe do Gabinete Civil da Presidência, o Chefe do Serviço Nacional de Informações e o Chefe do Estado-Maior das Forças Armadas e, nessa ordem, passarão após os Ministros de Estado.

§ 3º O Consultor-Geral da República tem, para efeitos protocolares e de correspondência, o tratamento devido aos Ministros de Estado.

§ 4º Os antigos Ministros de Estado, Chefes do Gabinete Militar da Presidência da República, Chefes do Gabinete Civil da Presidência da República, Chefes do Serviço Nacional de Informações e Chefes do Estado Maior das Forças Armadas, que hajam exercido as funções em caráter efetivo, passarão logo após os titulares em exercício, desde que não exerçam qualquer função pública, sendo, neste caso, a sua precedência determinada pela função que estiverem exercendo.

§ 5º A precedência entre os diferentes postos e cargos das mesmas categorias corresponde à ordem de precedência histórica dos Ministérios.

Art. 5º Nas missões diplomáticas, os Oficiais Generais passarão logo depois do Ministro-Conselheiro que for o substituto do Chefe da Missão e os Capitães de Mar e Guerra, Coronéis e Coronéis Aviadores, depois do Conselheiro ou do Primeiro Secretário que for o substituto do Chefe da Missão.

Parágrafo único. A precedência entre Adidos Militares será regulada pelo Cerimonial militar.

Da Precedência nos Estados Distrito Federal e Territórios

Art. 6º Nos Estados, no Distrito Federal e nos Territórios, o Governador presidirá às solenidades a que comparecer, salvo as dos Poderes Legislativo e Judiciário e as de caráter exclusivamente militar, nas quais será observado o respectivo cerimonial.

Parágrafo único. Quando para as cerimônias militares for convidado o Governador, ser-lhe-á dado o lugar de honra.

Art. 7º No respectivo Estado, o Governador, o Vice--Governador, o Presidente da Assembleia legislativa e o Presidente do Tribunal de Justiça terão, nessa ordem, precedência sobre as autoridades federais.

Parágrafo único. Tal determinação não se aplica aos Presidentes do Congresso Nacional da Câmara dos Deputados e do Supremo Tribunal Federal, aos Ministros de Estado, ao Chefe do Gabinete Militar da Presidência da República, ao Chefe do Gabinete Civil da Presidência da República, ao Chefe do Serviço Nacional de Informações, ao Chefe do Estado-Maior das Forças Armadas e ao Consultor-Geral da República, que passarão logo após o Governador.

Art. 8º A precedência entre os Governadores dos Estados, do Distrito Federal e dos Territórios é determinada pela ordem de constituição histórica dessas entidades, a saber: Bahia, Rio de Janeiro, Maranhão, Pará, Pernambuco, São Paulo, Minas Gerais, Goiás, Mato Grosso, Rio Grande do Sul, Ceará, Paraíba, Espirito Santo, Piauí, Rio Grande do Norte, Santa Catarina, Alagoas, Sergipe, Amazonas, Paraná, Guanabara (Excluído pelo Decreto nº 83.186, de 1979), Acre, Mato Grosso do Sul (incluído pelo Decreto nº 83.186, de 1979), Distrito Federal, e Territórios: Amapá, Fernando de Noronha, Rondônia e Roraima.

Art. 9º A precedência entre membros do Congresso Nacional e entre membros das Assembleias Legislativas

é determinada pela ordem de criação da unidade federativa a que pertençam e, dentro da mesma unidade, sucessivamente, pela data da diplomação ou pela idade.
Art. 10. Nos Municípios, o Prefeito presidirá as solenidades municipais.
Art. 11. Em igualdade de categoria, a precedência, em cerimônias de caráter federal, será a seguinte:
1º Os estrangeiros;
2º As autoridades e os funcionários da União;
3º As autoridades e os funcionários estaduais e municipais.

Etiqueta profissional

É o comportamento, no trabalho, dos funcionários em relação aos superiores, subordinados e público em geral.

A importância do *feedback*

Depois que apresentou um discurso, você tem um compromisso. Se você deseja ter excelência em suas apresentações, precisa fazer a avaliação da sua fala. É o que chamamos de *feedback*.

Feedback é uma avaliação do nosso desempenho num trabalho; também é como um sermão, uma crítica, um julgamento, até mesmo de nossas roupas e aparência. Pode ser que você não o queira, não o suporte, tente ignorá-lo, mas não vai conseguir se livrar do *feedback*.

Li alguns textos de um livro que eu recomendo. O titulo é: *Obrigado pelo feedback*, de Douglas Stone e Sheila Heem. Eles dizem que o conselho da sogra, o sermão do policial no trânsito, a crítica de um professor, a observação um tanto séria de um chefe, a recomendação exigente de um médico e até mesmo observações de pessoas estranhas são *feedbacks* e causam impacto.

Sabemos que o *feedback* é essencial, é fundamental para o desempenho profissional... e ainda, principalmente, para mantermos relacionamentos saudáveis.

É uma realidade sermos frequentemente avaliados, criticados, observados o tempo todo.

Se fossemos pessoas treinadas para ouvir *feedbacks*, ouvir verdades, não ficaríamos tão magoados, agradeceríamos em lugar de rejeitarmos.

O medo da rejeição bloqueia o aprendizado. Nossa sensibilidade exagerada nos atrapalha. Muitas vezes, quando nos sentimos magoados, ofendidos, ignorados, temos a tendência de esconder nossos sentimentos, ocultarmos o que estamos sentindo, por orgulho.

Um exemplo disso é a esposa que, magoada, fala para o marido (ela dá um *feedback*): "Acho que você seria mais feliz se não pensasse em trabalhar tanto, noite e dia..."

Na realidade, se ela fosse expressar a sua verdade, os seus sentimentos, ela diria:"Você está tão preocupado com o trabalho, que não percebe que eu fico sozinha o dia inteiro".

Eu convido você a aceitar o *feedback*, sem susto, sem medo, sem indignação. O *feedback* nos faz crescer.

Douglas Stone e Sheila Heem dizem ainda que o *feedback* é a arte de receber bem um retorno. Por exemplo, no trânsito. Você está dirigindo e ouvindo aquela buzina sem interrupção... Na hora vem o impulso de gritar: "Passa por cima!"

Principalmente se você está nervoso, cansado, triste, irritado, uma simples buzina tira você do sério, pode até (como eu já assisti pessoalmente) sair do carro e ir tirar satisfação com aquele cara insuportável que está atrás de seu carro o atormentando. A maneira como recebemos o *feedback*, a reação que temos, difere de pessoa para pessoa. Um *feedback* insignificante pode se transformar em algo intenso e nos deixar magoados, culpados e envergonhados o tempo todo.

Mas suponhamos que seja uma segunda-feira e você acordou feliz, está apaixonado, tudo é *light*, quando ouve uma buzina insistente atrás. Você é capaz até de ser generoso, e em lugar de revidar diz humildemente: "Desculpe, amigo, estava tão desligado, tão disperso, que não percebi que estava atrapalhando o trânsito".

Outro fato: Os pais de Raul acreditam que um diploma de engenharia daria a seu filho uma vida segura, sem as dificuldades que eles no passado tiveram de enfrentar. Raul ama e respeita os seus pais e faz um enorme esforço para compreender seu ponto de vista e suas preocupações, mas ainda assim decide optar pela música, que ele ama e deseja tanto.

Tudo é uma questão de como nós estamos nos sentindo. E em que/em quem nos apoiamos. É importante buscar uma solução inteligente, pois vamos receber *feedbacks* todos os dias, a vida toda. Se mantivermos nossa cabeça fria, vamos descobrir que um *feedback* nos ajudou a não repetir um erro, ou nos ajudou a tomar uma decisão acertada.

Com a mesma compreensão que aceitamos um *feedback*, vamos também lembrar que precisamos aprender a dar *feedbacks* com equilíbrio e amoroso cuidado. Todo momento aparece uma oportunidade para desenvolver essa arte. Aproveitemos. E boa sorte!

5. Para ler um discurso

- Certifique-se de que as páginas estejam enumeradas e grampeadas.
- Use um bom espaço entre as linhas para não se confundir na hora da leitura. Se você não enxerga bem, digite todo o discurso em letras maiúsculas. Se for uma ocasião formal, em que cópias do discurso devem ser entregues à mesa diretora do evento ou ao público, digite duas cópias com estratégias especiais, uma para facilitar sua leitura e outra dentro dos padrões para ser entregue à mesa ou ao público.
- Segure as folhas na altura do peito.
- Use o polegar da mão esquerda para acompanhar a leitura (assim, saberá sempre qual é a próxima linha a ser lida).
- Use a mão direita para gesticular, ou para servir de apoio enquanto muda o polegar da mão esquerda para a próxima página a ser lida. Faça um treinamento prévio para haver uma melhor coordenação de movimentos. Faça também um esforço para não segurar as folhas com as duas mãos o tempo todo.
- A respiração profunda ajuda na pontuação durante a leitura.
- Module corretamente a voz em relação à pontuação. Exemplos: nas vírgulas, a voz ascendente; nos pontos, a voz descendente, tendo o cuidado de não exagerar. Tome cuidado especial com a pontuação expressiva. Exemplo: "Viva o amor!!!"

Em que ocasiões cabe a leitura de um discurso

- Formais (presidente da República).
- Formatura (paraninfo).
- Posses em cargos.
- Reuniões especiais (órgãos públicos).
- Relatórios de interesse geral.

6. Discurso esquematizado

O discurso esquematizado é adotado desde o ano V a. C. e tem sido o discurso mais usado pelos oradores em todo o mundo. É o discurso mais recomendado. O orador divide o tema em três ou quatro partes ou tópicos, e coloca as anotações em fichas. Desse modo, o discurso pode ser facilmente esquematizado. Entretanto, é muito importante que as fichas obedeçam a uma certa ordem:

- Enumere as fichas.
- Escreva de modo que você possa ler com facilidade: usando cores diferentes, letras grandes etc.
- Faça declarações objetivas, curtas.
- Olhe de relance as anotações.
- Tome cuidado para não deixar as fichas caírem no chão. Use o grampeador.
- Não exagere nas informações, pois o excesso de informações pode confundir o público, além de aumentar o número de fichas.

7. Uso do microfone

O microfone é um terrível inimigo das pessoas tímidas. Embora ele se apresente como um monstro que causa pânico, sua contribuição para a apresentação do discurso ninguém pode contestar. Vejamos algumas dicas:

- Falar com os lábios em direção ao microfone (*em direção* não quer dizer *com lábios grudados no microfone*).
- Não falar com o microfone perto da orelha, perto da testa ou junto ao coração.

- Quando for do tipo que se pendura ou que se prende na roupa, puxa-se o microfone um pouco mais para perto da boca. Não podemos apresentar a desculpa de que os locutores de televisão usam o microfone a uma certa distância. Microfones de uma televisão ou de um estúdio fechado são próprios para esse tipo de ambiente, onde não há ruídos nem vento. Os microfones de igrejas são apropriados para salão, auditório. São microfones usados em programas de auditório. Repare como os animadores usam o microfone bem mais próximo da boca. Quando o calouro, inexperiente, fala fora do microfone, logo aparece alguém lhe solicitando aproximar-se e falar em direção a ele.
- Não fale próximo demais do microfone, colando-se a ele, para evitar o pupear, o som do sopro. Em geral, é bom falar a distância média de um punho fechado ou um pouco mais.
- O próprio locutor ou leitor deve procurar ouvir o retorno de sua voz. Se ele o ouvir com distinção e clareza, é sinal certo de que os ouvintes também estão ouvindo-o com distinção e agrado. Assim o locutor pode, por ele mesmo, controlar a eficiência do microfone, o volume de sua voz e a necessária aproximação do aparelho na direção certa.

Os microfones mais conhecidos e usados são:

MICROFONE DE LAPELA: é o ideal. Não apresenta nenhuma dificuldade para o orador. Esse microfone é preso na gola do casaco, vestido ou gravata. Para falar ao microfone, é preciso regulá-lo na direção da boca. Quando o orador está falando, deve evitar encostar a mão no microfone, pois o barulho resultante prejudica seu funcionamento. Evite gastar um volume de voz exagerado. Isso é muito perigoso, principalmente se o orador não tiver habilidade para tanto.

MICROFONE DE PEDESTAL: é o tipo de microfone que exige mais atenção do orador. Quando chegar ao local onde vai proferir o discurso, observe como se encontra o microfone. Acerte a altura, coloque-o abaixo da boca, nunca muito próximo ou colado a ela, pois isso esconde o rosto do orador e também demonstra falta de higiene – afinal, o microfone é usado por muitas pessoas. Preocupe-se em deixar a visão do rosto livre. Se quiser falar segurando o microfone, tome cuidado com os gestos e atente para que o mesmo não saia da posição correta. Não gesticule com o microfone na mão.

MICROFONE DE MESA: diante desse microfone, faz-se necessário acertar sua altura e direção, afastando-o ou aproximando-o mais. Caso o microfone comece a apresentar algum defeito, é preferível falar sem ele. A finalidade do uso do aparelho é auxiliar o orador na sua locução, e não o perturbar.

Para ajudar a vencer o trauma do microfone, sugere-se a seguinte brincadeira: Pedimos aos alunos que sentem medo do microfone que venham para a frente e, um por um, desabafem com bastante honestidade todos os seus sentimentos em relação ao microfone. Tem pessoas que chegam a chorar, é uma bela psicodramatização. Todos riem, acham engraçado. Em seguida, fazemos a explanação sobre a verdade, a realidade dos fatos. Pedimos que cada um olhe para o microfone e pense com lógica, sem a interferência de medos e fobias históricas. Por exemplo: "Você é um simples objeto de metal, imagine ter medo de você?" e continua falando coisas inteligentes e reais, do aqui-e-agora. Muito divertido e muito terapêutico. Após esta etapa, convida-se para fazer as pazes com o microfone, e cada um fala dele com carinho e gratidão, dando-lhe um beijinho e demonstrando alegria por ele existir em nossas apresentações. O resultado é estupendo. As pessoas, em geral, acabam superando o medo após esse exercício.

Testemunho

Meu nome é Maria Esther, participei três vezes dos "Cursos de Oratória" e "Vencendo a timidez", com a Ruthe Rocha Pombo. Nunca fui uma pessoa tímida, minha dificuldade se relacionava com o uso do microfone, que me causava pânico. Se alguém me chamasse para falar ao microfone, meu desejo era sumir literalmente. Desaparecer! Quando participei de um curso – regado de técnicas, dramatizações e dinâmicas interessantíssimas – passei a desmitificar a importância amedrontadora desse simples objeto de metal, venci o medo no momento de uma dinâmica divertida, mas que atua psicologicamente em nossas emoções, e isso ela me ensinou. E hoje eu o utilizo com a maior naturalidade.

Além da superação desse bloqueio, o que me encantou foi o tom suave e melodioso da voz de Ruthe, e ao mesmo tempo a convicção com que fala. A alegria e a interação com os alunos são a sua característica principal, e contagiam a todos. Observei que muitos dos que ficavam se escondendo no fundo da sala, a Ruthe trazia para perto dela e conseguia levá-los a ultrapassar os limites da insegurança, do medo e da timidez.

Ela, sendo uma mulher bonita, elegante e charmosa, é ao mesmo tempo simples, sem arrogância. Vive o que prega. Age com humildade e vejo que sua vida pessoal é o reflexo do que diz. "A boca fala daquilo de que o coração está cheio".

Minha sugestão é que você, leitor, não só leia este livro e outros que ela escreveu, mas também participe das palestras e dos cursos que ela ministra, a fim de vencer seus bloqueios e dificuldades que tanto oprimem a sua vida, na área da comunicação.

Obrigada Ruthe, pelos momentos alegres, de cultura, superação do medo, e pelos conhecimentos que tanto me enriqueceram. Parabéns pelo seu trabalho!

(Maria Esther de Paula Xavier, 85 anos)

Microfone

Tu não és "divino e gracioso", como diz a canção "Rosa", de Pixinguinha. Ao contrário, és o terror de nós, os tímidos, de nós os inseguros, de nós os roucos, de nós os medrosos... Nem adianta vires disfarçado de haste pequenina enlaçada em nossa pobre orelha, grudado em nossa blusa ou em nosso paletó! Eu te abomino, te quero longe de mim e só sei tremer quando o tomo em minhas mãos, instado pela professora que me anima e estimula... Ah! A professora! Ela nem se dá conta dos meus suores e da minha tremedeira! Parece-me que bato os dentes ruidosamente e que todos escutam e se divertem... As primeiras palavras, que contra tudo e contra todos tenho que pronunciar, saem lá do fundo da garganta, fraquinhas, tímidas, gaguejadas, quase sussurradas... Microfone, microfone, você me assusta, você amplia meu desespero, agiganta minha insegurança, escancara minha pobre timidez!! Você é meu adversário? Quer me vencer?

Não, isso não posso admitir: você é apenas um "bagulhinho" metálico, cheio de furinhos, e não tem todo esse poder indiscreto e revelador... Admito, ideias sinistras passaram pela minha cabeça, como a de sair correndo para me livrar de você... A cama quentinha e a possibilidade de me esconder debaixo das cobertas chegaram a acariciar minha mente apavorada! Faziam acenos perturbadores em minha imaginação!!

Porém, depois de te enfrentar pela primeira vez, veio a segunda, a terceira e não sei quantas mais, com reprises dos medos e da ansiedade. Porém, hoje bastou te olhar de frente, vencer os primeiros minutos, deixar a angústia ir baixando aos poucos, desaparecendo, até que comecei a te dominar... Já te coloco no lugar que é teu e o chão está firme sob meus pés! Tremedeira nas pernas? Já eram! Suor frio? Foi embora... Coração explodindo de tanto bater? Menos, menos... Hoje, posso dizer estufando o peito: Vá de retro, microfone! Eu sou mais eu!!

E como não poderia deixar de ser feliz... Fiz as pazes com você!!

(Maria Sabina S. Vidotti, palestrante dos cursos de Oratória da Oficina de Oratória e Comunicação Atualizada, de Ruthe Rocha Pombo)

8. Recursos audiovisuais

Segundo o dicionário Houaiss, "audiovisual" é qualquer comunicação, mensagem, recurso que se destina ou visa sensibilizar os sentidos da audição e da visão simultaneamente.

A famosa frase popular "uma imagem vale mais que mil palavras" é tão verdadeira em nossos dias, que a internet dela se apossou e dá provas contínuas de sua força.

Por essa razão, se diz que os recursos audiovisuais se transformaram a partir do uso dessa ferramenta, que passou a ser uma atração irresistível.

O quadro de giz ou quadro negro, ilustrações, cartazes ainda fazem parte das práticas que auxiliam o entendimento, embora estejam sendo largamente superados e substituídos por recursos mais ágeis, avançados e de fácil aquisição, rápida assimilação. Esses recursos proporcionam ao orador uma certa segurança, mas podem se tornar um tanto frágeis, na medida em que os utilize de forma exagerada ou como apoio para suprir suas inadequações (dificuldade de memorização, desejo de descentralizar a atenção do público da sua postura por inseguranças, temores, timidez...).

Modernamente, os vídeos, filmes, desenhos, *banners*, músicas, animações são recursos de alta relevância, porque tornam a mensagem mais interessante, agradável, facilitam a atenção, o raciocínio, reforçam e estimulam a aprendizagem.

O orador deve usar com discernimento os recursos audiovisuais para valorizar suas ideias, o conteúdo de sua mensagem. Lembre-se sempre de que o sucesso de sua apresentação está na forma de interagir com o público. Esses recursos são meios e não fins, nem devem substituir o talento do orador, como afirma Flavio Pereira.

Tenha sempre em mãos outros recursos, caso falhem os que foram programados.

Um exemplo disso é o que me aconteceu certa vez: programei um dia inteiro de curso com o uso de *datashow* e foi impossível fazer a instalação. Foi necessário improvisar o dia todo de trabalho, por falta de preparação adequada: por isso, tenha sempre na reserva um plano B, ou seja, uma alternativa que não frustre o orador nem a plateia. Faz-se necessário que o orador, palestrante ou apresentador chegue ao local com no mínimo uma hora de antecedência.

Flavio Pereira coloca alguns pontos relevantes: "Pergunte-se: os recursos audiovisuais que utilizarei são compreensíveis, são profissionais, foram idealizados para o nível das pessoas que assistirão minhas palestras? Preciso realmente desses recursos? Poderei substituir imediatamente por outra alternativa, caso ocorram problemas técnicos?"

DATASHOW: é como se fosse um retroprojetor, mas que projeta a imagem do computador. Ele é adaptado no lugar do monitor e vai refletir a imagem na parede, quadro ou tela, em tamanho grande. Para montar apresentações para *datashow* qualquer programa pode ser usado, pois este projetor reflete a imagem do monitor numa parede.

Para usar o *datashow* é preciso, além de ele próprio, de uma fonte de imagens digitais. A forma mais eficaz de se obter essa fonte consiste em ter um computador ligado ao *datashow*.

POWERPOINT: Se você já fez uma apresentação de *slides* para um público, já deve conhecer o *PowerPoint*. Esse poderoso *software* tem sido o principal aliado dos apresentadores desde décadas atrás, quando foi lançado, e tem passado por melhorias constantes.

Algumas recomendações.

- Quando elaborar a tela, que os textos contenham poucas frases.
- Para ficar bem visível, use letras grandes e coloridas.
- Número de telas? É relativo. Não há uma regra única. Eu utilizo no máximo 10. Quando possível, apenas 3 nos discursos de tempo limitado.
- Em aulas especiais, até 20 telas.
- Ensine os participantes a decorar. Depois da sua apresentação, faça perguntas sobre o que gravaram das telas do *PowerPoint* e principalmente das palavras que você proferiu. É um excelente *feedback* para o orador se autoavaliar.

TELEPROMPTER: O mais moderno recurso utilizado para auxílio nas apresentações. Acredito que, como eu, muitas vezes, assistindo ao jornal na televisão, você já tenha se perguntado como os apresentadores conseguem falar rapidamente e decorar tantos textos.

Na verdade, os apresentadores utilizam um recurso que os auxiliam a ler todos os textos prontos que chamam uma matéria no ar. Esse recurso se chama *teleprompter*, que consiste em um aparelho acoplado às câmeras de vídeo, que exibe o texto a ser lido pelo apresentador.

O *teleprompter* é composto por um monitor de vídeo invertido horizontalmente, que fica "deitado" em frente e embaixo da câmera. A imagem da tela é refletida por um vidro transparente inclinado em frente à lente, dentro de uma câmara escura, uma espécie de caixa acoplada à câmera, que favorece o reflexo do que é mostrado na tela. A imagem é invertida justamente porque o reflexo no vidro age como um espelho. O resultado é o reflexo de uma imagem legível ao apresentador, mas transparente à câmera, sendo assim "invisível" ao telespectador.

Quando nos referimos a recursos audiovisuais, penso que é útil nos questionarmos: quais os recursos audiovisuais que melhor poderão contribuir para elucidar, ratificar, dar maior ênfase, clareza aos nossos pensamentos, nossas convicções, nossos objetivos?

Percebo, não raras vezes, oradores que se utilizam somente de um único recurso, o microfone, e dão um verdadeiro *show* de oratória. Arrombam paredes! Encantam com a sua voz, seus gestos e suas palavras.

Diante dessas realidades, com muita reserva e consciência, podemos nos perguntar: quais os recursos audiovisuais que proporcionarão maior beleza e impacto aos nossos ouvintes, que tão generosamente nos permitem penetrar em seus ouvidos, em seus corações (sem pedir licença) e registrar nossos ensinamentos?

Preciso realmente de todos esses recursos? Poderei substituí-los imediatamente por outra alternativa, caso ocorram problemas técnicos?

Estou pronto para me tornar um comunicador livre, seguro, confiante, capaz de levar minha palavra a qualquer momento, a qualquer lugar, dependente ou não de algum recurso externo?

9. O que um orador deve evitar no seu discurso

Dizem os cientistas do humor, parafraseando Lavoisier, que "nada se perde, nada se cria, tudo se copia". Por isso, ministrar uma palestra é quase uma frustração, já que quase ninguém consegue ser original e apresentar ideias completamente novas. Até mesmo quando achamos que tivemos uma ideia brilhante, fenomenal, se pesquisarmos bem, acabamos descobrindo que alguém, em algum lugar, um dia já pensou e escreveu sobre aquilo.

Com muito humor, diz um pensador: "O problema é que os antigos roubaram as nossas melhores ideias".

Como não existe muita coisa original a apresentar para vocês, vamos praticar juntos algumas regras, normas e técnicas que sejam úteis para todos.

Técnica, eu falei.

A técnica tem por objetivo restaurar a naturalidade do ser humano, a naturalidade de nossos gestos. Se a técnica nos tornar artificiais, será um imenso erro, um gravíssimo erro.

Meu desejo é que, havendo um fascínio pela beleza dos textos bíblicos, vocês sintam imensa alegria em falar das maravilhas divinas.

Diante do número infindável de informações disponível nesta nossa geração, exige-se do comunicador, do pregador da palavra, atualização dinâmica e constante. Assim, o pregador não pode mais se dar ao luxo de ir ao fundo do baú e utilizar um sermão que foi sucesso há cinco ou dez anos atrás, e o utilizar hoje.

O orador de hoje enfrenta grandes desafios, mas para seu consolo desfruta de possibilidades nunca vistas, mil recursos e mil oportunidades.

Cada um de vocês tem um estilo diferente de aprender, de acordo com a sua personalidade. É importante que saibamos isso. Jesus sabia.

(Parte deste texto foi extraído do livro *A arte de pregar*, de Robson M. Marinho).

Meus leitores, para que seus discursos, seus sermões sejam sementes de vida, esperança e amor, como flechas flamejantes que possam atingir até o último recanto da terra, o orador deve evitar:

- Ser vulgar. Evite mensagens que firam a moral dos ouvintes.
- Ser longo demais. O orador deve ser capaz de perceber quando sua mensagem está sendo enfadonha ou muito dispersiva. Mostre que é capaz de não abusar do tempo e da paciência dos ouvintes.
- Ser negativo. É extremamente desagradável ouvir discursos negativos, mensagens sem esperança. O verdadeiro discurso deve levar mais vida e entusiasmo aos ouvintes.
- Demonstrar falsa humildade. Evite pedir desculpas, subestimar sua capacidade dizendo "eu não sei falar", "outro falaria melhor do que eu".
- Cabeça quente. Um orador deve sempre manter a sua cabeça fria, seu autocontrole.
- Prepotência. O orador deve reconhecer que não sabe todas as coisas e apenas está em um processo de crescimento contínuo.

- Vaidade. É o desejo incontido de consideração e aplauso. É um sentimento infantil que só levará a um empobrecimento do discurso.
- Competição. A competição é fruto de insegurança e medo dos outros.
- Descrença. Uma pessoa descrente não é ouvida com prazer, mas com rejeição.
- Visão estática. Um orador repetitivo, sem criatividade se torna cansativo. Um orador dinâmico é criativo e agradável.
- Preconceito. Divide o seu público, estabelecendo desarmonia entre os ouvintes.
- Inconsciência. Aquele que fala, mas não sabe se autoavaliar, é inconsciente ou irresponsável. Exemplo: percebe-se que os ouvintes estão dormindo e continua-se falando como se não enxergasse. Se há muita gente dormindo, por favor, não acorde ninguém, apenas pare de falar!

> O orador precisa criar um espaço para se observar, se ouvir, se reconhecer.
>
> Assista ao filme de sua vida, observe-se como fala, como anda, como gesticula, fique junto de si mesmo para reconhecer melhor. A observação de si mesmo vai dando a capacidade de estar presente, de *ser* presença. Quanto mais ausente de si mesmo, mais vulnerável, mais tensão, mais inibição.
> (Rogéria Guida)

Um orador deve excluir de sua mensagem:

- Palavras agressivas.
- A concentração em uma única pessoa que lhe faça perguntas e colocações. O orador deve falar com o auditório todo, olhar pessoa por pessoa.

- A decepção por observar na plateia pessoas desanimadas, distraídas, saindo do ambiente. Isso nem sempre tem relação com a apresentação do orador.

Evite se irritar. Seja amoroso com a sua plateia, exclua qualquer ar de reprovação. Mantenha a cabeça fria e não grite ao microfone.

Quem faz o curso é você! Quem quer aprender é você!

Em nossos cursos de oratória, ensinamos que o nosso principal lema é amar, compreender e aceitar. Isto é o amor em ação.

- Não julgue, não condene, não critique, nem em pensamento.
- Mantenha a *cabeça fria*.
- O curso deve ser alegre e dinâmico.
- O curso deve ser de autoconhecimento, um programa de vida.
- Evite ficar magoado.
- Não se justifique, assuma.
- Elimine a autopiedade.
- Faça o melhor que puder e fique em paz.
- Viva o momento presente: *o aqui-e-agora*.
- Não há contestação, não há polêmica: todos têm o direito de expressar suas ideias, pensamentos e sentimentos.
- O coordenador *não* é o dono da verdade, a descoberta é pessoal.
- Estabeleça *empatia* com o seu público.
- Deus é uma *força* presente e atuante.

10. Plateia

Conheça seu público! Cada plateia, cada grupo tem suas características próprias.

CRIANÇAS: necessitam de uma linguagem simples e material audiovisual como quadro, cartazes, vídeos e congêneres.

JOVENS: apreciam uma linguagem mais descontraída, com relatos de acontecimentos pitorescos, curiosos.

ADULTOS: exigem uma comunicação mais sofisticada, exemplos sérios, práticos.

IDOSOS: em geral são exigentes e precisam ser respeitados e muito valorizados. Gostam de ouvir sobre experiências antigas, apreciam a simplicidade e a verdade.

HOMENS DE NEGÓCIO: são mais sérios e críticos, gostam de ouvir coisas que terão aplicação prática no cotidiano.

MULHERES: gostam de elogios e valorização profissional. Gostam de ouvir palavras agradáveis e gentis. São mais observadoras.

PESSOAS COM FORMAÇÃO ACADÊMICA: são mais frias e disciplinadas, entendem e raciocinam mais rapidamente. São críticas e analíticas, gostam de discursos com dados e lógica, são mais exigentes.

PESSOAS SEM FORMAÇÃO ACADÊMICA: gostam de ouvir aquilo em que acreditam e concordam ser verdadeiro. Merecem muito respeito e muito carinho. Precisamos valorizá-las e motivá-las, mostrando a importância do conhecimento, despertando a paixão pelo saber.

Procedimentos que devem ser evitados nestes discursos são: citar dados inexatos ou duvidosos, deixar de citar a fonte, usar linguagem excessivamente popular, exceder-se no uso de piadas, ou usar exemplos do ambiente ou do setor profissional representado na plateia, com conotação pejorativa.

Um exemplo: Suponhamos que tenha um budista na plateia e o orador faz uma brincadeira leviana sobre o budismo, reduzindo a imagem tanto do adepto como da filosofia budista. Esse comportamento é cruel. Revela insensatez e ignorância.

O propósito de uma fala é promover conhecimento, crescimento, união, de forma digna e com absoluto respeito. Revestir-se, isso sim, de ética, bom senso e domínio próprio.

11. Ambientes onde se processa a oratória

Lugares grandes: mesmo com a ajuda do microfone, sua voz deverá ser forte, intensa e os gestos, suaves, coerentes. Se houver uma tribuna, deve-se alternar entre ficar parado e movimentar-se.

Lugares pequenos: o orador precisa preocupar-se em aproximar as pessoas. A voz deve ser projetada em intensidade média. Deve-se olhar para todos com firmeza.

Lugares inadequados: sempre que possível, analise ou saiba as condições do local onde irá falar: som, cadeiras, microfone. É necessário que as pessoas ouçam o orador em condições confortáveis. Sempre que o local for desconfortável, o orador deve ser breve, objetivo. Em alguns casos, deverá haver uma pequena alteração no esboço do discurso, a fim de compatibilizar o mesmo à realidade da situação.

12. Barreiras verbais

> Barreiras verbais são obstáculos à efetividade da comunicação humana, provocada por palavras e expressões capazes de despertar antagonismos. (W. Penteado, 1977)

As dificuldades em se desativar o uso de uma barreira verbal é que ela é inconsciente e surge sem o controle do falante. Alguns exemplos de barreiras verbais são:

- Expressões que demonstram dúvidas quanto à inteligência do interlocutor: "Você está me ouvindo?", "está me compreendendo?", "está acompanhando meu raciocínio?"
- Expressões que se repetem excessivamente: "É ou não é?"; "tá vendo?"; "aí eu peguei e disse..."; "aí, estou certo ou errado?"; "certamente"; "evidentemente" etc.
- Palavras que firam a autoestima com relação à nacionalidade ou etnia, apelidos regionais e defeitos físicos: turco, judeu, gringo, negrada, baianada, caipirada, baixinho, gorducho, magrela, macacada e outros.
- Também são barreiras verbais a ironia, a agressividade, o negativismo, a curiosidade, a dominação, a competição, o ciúme, a inveja etc.

Gestos adequados

> Tanto na voz quanto no corpo, trazemos impressa nossa história de vida; este registro aparece em nossa estrutura corporal, em nossos bloqueios, em nossos gestos e em nossas expressões faciais. Nosso estado corporal é consequência das pressões externas (do meio ambiente) e internas (idealizações) que, entrando em choque, provocam conflitos que se traduzem em contrações musculares.
> (Behlau e Ziemer, 1985)

Comunicamo-nos não somente com a voz, mas com todo nosso corpo. A integração corpo-voz é um dos parâmetros básicos pelos quais devemos avaliar o equilíbrio emocional de um indivíduo. Assim, para uma comunicação ser efetiva e não gerar dúvidas para o ouvinte, o corpo e a voz devem expressar a mesma intenção. Nem sempre é fácil, é necessário treino.

13. O que impede uma comunicação saudável, inteligente e efetiva

- Não saber ouvir.
- Não responder quando se é perguntado.
- Interromper alguém que está falando.
- Mudar de assunto sem o concluir.
- Não prestar atenção à pessoa que está falando, não olhar nos olhos.
- Usar expressões desagradáveis como: "não concordo", "isto é burrice", "você está falando besteira", "não tem nada a ver".

- Empurrar o receptor solicitando atenção (tocar nos braços, ombros, mãos) no desespero de que ele preste atenção ao que você está falando.
- Exaltar-se ou perder o controle só porque alguém tem opinião diferente da sua.
- Falar sem refletir.
- Ficar mexendo na orelha, pegando no nariz o tempo todo, fazendo barulho com o chaveiro.
- Consultar o relógio várias vezes.
- Apontar o dedo indicador para o rosto do ouvinte.
- Ter hábitos desagradáveis como falar palavrão, rir alto, conversar alto, com o objetivo de que todos ouçam o que na realidade deveria ser confidencial.

14. Os 6 elementos da comunicação

1. Postura correta

Quanto mais tentamos controlar nossa tensão, nosso nervosismo, mais desconforto vamos expressar.

Muitas vezes é a nossa vaidade, nosso orgulho que nos impede de nos confrontarmos com a devida compaixão, serenidade, aceitação, amor, verdade e com seus limites.

Precisamos aprender a observar nossa própria pessoa de uma forma serena, nos olharmos e dizermos em nosso íntimo: "conto com você", "quero lhe dar a maior força". Quando não nos olhamos, não nos enxergamos, a nossa timidez nos arrasta para fora de nós mesmos e fugimos, escapamos amedrontados. Fugimos desse sentimento de inadequação diante dos outros. E isso pode nutrir sentimentos de autopiedade e medo do fracasso.

O remédio é tirar todas as máscaras, aprofundar-se na virtude da humildade e confiar que Deus, que o criou, quer ajudá-lo a expressar a sua própria beleza.

2. Organização de ideias

O orador tem necessidade de organizar-se, saber o objetivo que o leva a falar. Deve refletir sobre organização e lógica. Não pode iniciar a fala com um tema e partir para outro, pois isso gera confusão no ouvinte, que perde o fio da meada. Há oradores que têm certa rejeição por organização mental e por isso falam excessivamente, sem conseguir passar mensagem alguma, pois não sabem o que desejam transmitir verdadeiramente.

O orador deve deixar uma impressão bem definida na mente dos ouvintes. Que a plateia possa transmitir a mensagem a outras pessoas também de forma organizada e clara.

Lembre-se: ninguém é perfeito, e nos discurso pode haver falhas, mas não podem faltar virtudes. Não esqueça que é importante falar de maneira a ser ouvido por todos. O mais belo discurso com uma audição imperfeita é um fracasso. Portanto, fale de maneira que possa ser ouvido e, principalmente, compreendido.

3. Olhar concentrado

Os olhos são a porta de sua alma. Com o olhar, você revela seus mais íntimos sentimentos: sua boca pode estar falando de uma maneira, mas seus olhos podem estar comunicando o contrário. Pelo olhar você se desculpa, agride, ama, critica, censura, transmite firmeza ou revela medo. Pelo olhar você abençoa ou amaldiçoa, estabelece divisão ou comunhão de vida, salva da angústia, transmite paz ou alegria, ódio ou desprezo.

O olhar é fundamental para demonstrar o domínio da situação, o controle dinâmico e psicológico da plateia. Um olhar de simplicidade, de humildade, um olhar amoroso, carinhoso e alegre exerce extrema força sobre o público que, empaticamente, o retribui mesmo sem consciência disso.

Em contato individual, o olhar deve ser definido. Você não deve evitar olhar nos olhos do outro mesmo que se sinta constrangido.

4. Ouvir com atenção

Dê ao outro a oportunidade de falar. Saber ouvir é uma arte e um ato de amor. O ato de ouvir requer desprendimento e concentração.

Durante um curso de Oratória, uma jovem perguntou à palestrante:

– A senhora sabe quem é o meu melhor amigo?

Como não poderia deixar de ser, a palestrante imaginou quem poderia ser esse personagem: seria Deus, Jesus Cristo, seu marido, pai, mãe, etc. E qual não foi sua surpresa quando a jovem respondeu:

– É meu cachorro.

Surpreendida com essa escolha, a professora indagou quais características influenciaram essa escolha, e escutou a seguinte afirmação:

– Ele é o único que me ouve.

Outro caso real que ilustra esse capítulo refere-se a um senhor que, numa cidade da França, levava turistas a passeio em sua pequena carruagem puxada por um cavalo. Havia cerca de uma semana, ele perdera uma filha pequena, e em sua dor tentava contar o fato e desabafar com cada turista que subia em sua carruagem, mas ninguém lhe dava ouvidos. No fim do dia de trabalho, frustrado, só lhe restou um gesto patético: ao voltar ao estábulo, desabafou, chorando copiosamente abraçado ao seu cavalo.

Esses dois casos, com certeza são idênticos ou semelhantes a muitos outros que conhecemos, e que dão a exata medida de uma das carências e das necessidades mais gritantes da nossa sociedade moderna: a necessidade que todos temos de um ouvido que nos escute, capaz de ter empatia conosco, de não julgar, não condenar, apenas escutar...

5. Falar com clareza

Evite engolir "s" "r" nos finais das palavras: não "louvamo" e sim "louvamos", não "voltá" e sim "voltar"; "i" intermediário, como em "janero" e "feverero": "janeiro" e "fevereiro"; letra do início da palavra, como "ocê", no lugar de "você". Sugere-se utilizar um gravador para corrigir essas falhas, e se confrontar com inteligência. Você constata que falou bem e com clareza se foi bem compreendido.

6. Gestos adequados

Nossa tendência é o uso de gestos para indicar alguma coisa. Por exemplo, usamos os dedos das mãos e os braços para indicar número, forma, tamanho, movimento, velocidade, direção, paisagens etc.

A administração dos gestos implica a administração das emoções, e isto está se tornando bastante difícil, pois frequentemente as pessoas não manifestam exatamente o que sentem. Fomos habituados à incoerência. Nem sempre falamos a verdade, mas sim a mascaramos. Fazemos gestos de que tudo está "ok" quando, na verdade, sentimos o contrário.

Existem duas correntes que discorrem sobre o gestual: uma prefere os gestos bem expressivos e a outra defende mais expressões faciais. De qualquer maneira, os gestos devem ser moderados; tome cuidado para não se movimentar desordenadamente. O braço não deve ser levantado acima da cabeça.

Observe os locutores e repórteres de televisão. A televisão penetra nos lares, facilitando assim, a observação do mais leve piscar de olhos, por isso impõe mais discrição.

Gestos que devem ser evitados:

- Esfregar frequentemente o nariz.
- Limpar diligentemente os óculos com o lenço.
- Tossir várias vezes para clarear a voz.
- Coçar a cabeça.
- Brincar com chaves ou qualquer objeto.
- Consultar várias vezes o relógio.
- Apoiar-se na parede.
- Apalpar várias vezes a gravata ou o cabelo.
- Sentar-se na mesa.
- Apontar o dedo para o ouvinte.

15. Exercícios

Respiração

Sem uma boa reserva de ar, não podemos utilizar a voz. Para adquirirmos uma boa dicção, é necessário que se aprenda a técnica da respiração.

A oratória exige uma respiração profunda e sem ruído.

Na respiração, observamos a inspiração e a expiração. Na inspiração, o tórax dilata-se e o ar penetra nos pulmões; na expiração, o ar é expulso por um movimento contrário.

A inspiração não deve ser muito rápida, mas silenciosa e imperceptível. A expiração deve ser suave, tranquila e prolongada.

Como ler?

Ler lentamente, rapidamente e rapidíssimo (com clareza) as seguintes frases:

- Os originais se desoriginalizam se desoriginalizam os originais.
- Num prato de trigo comeram três tigres.
- A aracata armada na chácara apanha aracangas.
- Chocolate de Chico chia na chapa e machuca a bochecha do Xerxes.
- A ama ama a menina e a mamãe; a menina ama a ama e a mamãe.

Para uma fala bem articulada:

- *Olá!* Como vai?
- *Adorei* seu cabelo!
- Gosto *tanto* desse moço!

- *Olha pra mim*, vê se tenho cara de bobo?!
- Boa noite, amigos, hoje estou *muito* arrasado!

Quando perceber que sua voz está muito alta ou estridente, baixar o tom.

Falar com ênfase:

- O Paulo *não permite* que você estude neste lugar!
- *Ponha-se* na rua!
- *Um dia* eu te pego!
- Essa é a mais *terrível* das mentiras!
- Fique sabendo que eu gosto das coisas *claras!*
- Não há outra solução, agora *chega!*

Mudar o sentido da frase:

- *Você* viu a Isabel sair daqui?
- Você *viu* a Isabel sair daqui?
- Você viu a *Isabel* sair daqui?
- Você viu a Isabel *sair* daqui?
- Você viu a Isabel sair *daqui?*

Treino para a dicção

- O tempo perguntou para o tempo quanto tempo o tempo tem. O tempo respondeu para o tempo: "Tem tanto tempo quanto o tempo tem".
- Num prato de trigo comem três tigres.
- O doce de batata-doce perguntou ao doce: "Qual o doce mais doce?" O doce respondeu para o doce que o doce mais doce é o doce de batata-doce.
- O globo glacial conglomerava o Congo.

- Toco preto, porco crespo.
- Um tigre, dois tigres, três tigres.
- Um papo de pata dentro de um prato de prata.
- A aranha arranha a rata, a rata arranha a aranha.
- O rato roeu a roupa da rainha Rita e do Rui.
- Seu paulista da conquista insista na pista, porque não há quem resista, visto que está na pista atrás da lista das artistas malabaristas existencialistas.
- A entrada triunfal da tropa de trezentos truculentos troianos em trajes tricolores, com seus trabucos, trombones e triângulos, transformou o tráfego intranquilo.
- O prato de prata premiado é precioso e sem preço, foi presenteado pelo preceptor da princesa primogênita, probo primas, procurador da Prússia.
- A frota de frágeis fragatas foi fretada por frustrados franco-atiradores enfreados de frio, naufragou na refrega com frementes frecheiros africanos.

Palavras malditas

Vício é um defeito grave que torna uma pessoa inadequada para certos fins e funções. É uma inclinação para aquilo que traz prejuízos, um costume condenável de condicionamento, hábito, fala.

São muitos os vícios de comunicação. A comunicação grosseira é um deles. Temos como exemplos:

- "Esse menino não presta para nada!"
- "Vai para o diabo que te carregue!"
- "Quando você casar, sua casa vai ser um inferno!"

Todos nós, algum dia, já ouvimos ou até dissemos palavras cheias de ira e revolta, palavras esmagadoras. Mas, será que já paramos para avaliar o efeito devastador que estas palavras podem causar na vida de uma pessoa?

Muitas pessoas são derrotadas, improdutivas, complexadas, impedidas de avançar apenas porque alguém em posição de autoridade lançou-lhes palavras amargas, carregadas de maldição. O pior é que o mal não para por aí: os conflitos provocados por essas palavras vão passando de pai para filho, atravessando gerações e gerações.

Em períodos de crise e desemprego, lançamos toda culpa no governo. Muitas vezes a culpa é mesmo dele, mas isso não nos autoriza a emitir julgamentos e condenações....

Para o cristão, existe uma severa admoestação: "Nem em teu leito amaldiçoeis o rei" (Ecl 10,20); "não amaldiçoarás o governador do teu povo" (Ex 22,28).

A psicologia de Deus é perfeita, pois Ele enxerga todos os sentimentos dos homens espalhados sobre a face da Terra. Quando palavras malditas dirigidas às autoridades se cumprem, todos que estamos sob sua tutela sofremos, pelo menos em parte, suas consequências. O apóstolo Paulo, na Carta aos romanos, diz: "Abençoai e não amaldiçoeis" (Rm 12,14).

Na comunicação, também devemos evitar a mentira, o pré-julgamento, a incapacidade para ouvir, o ruído mental, a dificuldade de ver a outra pessoa como um ser global; falar muito, falar menos que o essencial, falar sem dar atenção a quem está ao seu lado; reclamações, acusações, rispidez, agressividade, megalomania, inveja, bairrismo, sarcasmo, preconceito, egocentrismo, golpe sujo, preguiça mental, indiscrição.

Expressões como "eu acho que", "quem sabe", "talvez", "pode ser", "mais ou menos", "nem caro nem barato", "nem cedo nem tarde" não significam nada.

Leitura

Há duas formas de ler um texto:
- Leitura branca (resumo de balancete, relatório): não exige entusiasmo.
- Leitura colorida: exige graça e inflexão.

Regras para uma boa leitura

- Ler uma frase e comunicar-se com o público pelo olhar.
- Colocar o papel na mesma direção do peito. Segure o que você estiver lendo a uns 30 cm dos olhos.
- Apresentar-se bem arrumado, roupa passada e bem limpa, calçados engraxados e limpos.
- Ler com clareza, com boa articulação, entusiasmo e inflexão. Pronuncie claramente todas as letras (fonemas) das palavras.
- Leia suficientemente alto, de modo que todo o auditório possa ouvi-lo.
- Cada frase lida deve ser acompanhada com o dedo polegar, a fim de não se perder ao voltar o olhar para o papel.
- Mantenha correta a posição do corpo, o mais natural possível.
- Separe antecipadamente a folha que vai ser virada, para não se perder.
- Procure interpretar o assunto do trecho que está lendo.
- Respire fundo. Evite repetir a mesma palavra já lida; se gaguejar, não se perturbe, continue até o final. E boa sorte!

Minidiscursos para exercitar

Nossa vida é como um relógio, gira em torno de 14 áreas.

A. R. Muller

Área da Família

Tema: Família saudável.
Objetivo: Alertar contra divisões.
Introdução: É necessário arregaçar as mangas para lutar conta todas as espécies de males.
Tópicos:
- O amor conjugal tem duas vias.
- Os casais harmoniosos não vêm prontos de fábrica.
- O amor recíproco não é privilégio de uma parte.

Conclusão: É impossível viver saudavelmente no ambiente da família, sem um equilíbrio entre o "dar" e o "receber".

Agradece e despede-se.

Área da Alimentação

Tema: Alimentação equilibrada resulta em longa vida.
Objetivo: Conscientizar para a necessidade de uma alimentação sadia.
Introdução: A alimentação é sinônimo de vida.
Tópicos:
- Alimentar-se com moderação.
- Alimentação na hora certa.
- Alimentos nutritivos.

Conclusão: Viva com equilíbrio e moderação o dia de hoje e não precisará temer o dia de amanhã.

Agradece e despede-se.

Área Sanitária
(Saúde)

Tema: Cárie.
Objetivo: Como combatê-la.
Introdução: A maioria das doenças do homem entra pela boca.
Tópicos:
- Evitar o uso excessivo do açúcar.
- Escovar os dentes após as refeições.
- Visitar o dentista periodicamente.

Conclusão: Com estes procedimentos, certamente o número de cáries diminuirá.

Agradece e despede-se.

Área da Precedência
(Troféu, valorização, homenagem)

Tema: Entrega do troféu "O melhor profissional de medicina", do Hospital Guarnieri.
Objetivo: Estimular a sede de curar e aliviar dores.
Introdução: Vamos destacar três valores do jovem médico. Três valores constatados:
- Amor aos pacientes.
- Presença amorosa.
- Entusiasmo pelo trabalho.

Conclusão: "Desconfie do destino e acredite em você. Gaste mais horas realizando do que sonhando, mais agindo do que planejando, mais vivendo do que esperando" (Sarah Westphal).

Agradece e despede-se.

Área da Afetividade e Saúde
(Despedida)

Tema: Despedida (enterro) de um amigo.
Objetivo: Honrar a vida do amigo.
Introdução: "Viva como se fosse morrer amanhã e trabalhe como se fosse viver eternamente", diz o ditado.
Tópicos:
- Mário Antônio, um amigo certo para qualquer hora.
- Um homem agregador de valores.
- Um exemplo de luta e vitória.

Conclusão: "Nenhum homem que leva uma vida justa e piedosa precisa temer a morte" (Thomas Fuller).
Descanse em paz, Mário Antônio. Seguiremos as suas pegadas para um dia, na eternidade, nos encontrarmos.

Agradece e despede-se.

Área da Afetividade
(Casamento)

Tema: Matrimônio de Cláudio e Mariza.
Objetivo: O que fazer para termos um casamento abençoado?
Introdução: "Há casamentos fracassados, mas tal fato não prova que o casamento seja um fracasso" (Paul Hodcraft).
Tópicos:
- Flexibilidade.
- Diálogo: um com o outro e ambos com Deus.
- Projetos comuns.

Conclusão: Seguindo estes pontos, certamente vocês serão muito felizes. E este é o desejo de todos aqui presentes.

Agradece e despede-se.

Área do Lazer
(Repouso – Festa)

Tema: Aniversário do amigo Jorge.
Objetivo: Destacar 3 qualidades do Jorge.
Introdução: "Um amigo é uma pessoa diante de quem posso pensar em voz alta" (Ralph Emerson).
Tópicos:
- Um amigo leal.
- Um excelente pai de família.
- Um ótimo profissional.

Conclusão: Jorge, seja muito feliz, e que os anjos o guardem em todos os seus caminhos. Parabéns!

Agradece e despede-se.

Área Pedagógica

Tema: Curso de liderança.
Objetivo: Ressaltar a importância de se fazer um curso de liderança na empresa Falarte.[1]
Introdução: "A grandiosidade não depende da importância do seu comando, mas da maneira pela qual você a exerça" (Marechal Ferdinand Foch).

---

[1] Uma pequena explicação: Quando saí da minha terra, Curitiba, no Paraná, já há 28 anos, e vim residir no Rio de Janeiro, a primeira atividade que eu me impunha era participar de um curso de oratória. Encontrei no jornal o anúncio de um curso numa empresa denominada Falarte. Inscrevi-me, fui participar. Os proprietários e administradores da empresa eram uma brilhante família, a família Caldas: mãe, filhos, professores, funcionários. Ali aprendi valores que nunca mais esquecerei. Minha professora de Oratória foi uma jornalista que trabalhava num dos canais de televisão do Rio de Janeiro. Com ela aprendi sobre os elementos da comunicação, e com Marcelo Caldas, a organização de ideias, através dos minidiscursos. Sou imensamente grata a Deus por tão feliz oportunidade, e onde quer que eles se encontrem hoje, que recebam toda a recompensa do bem infinito que espalharam e continuam fecundos, enriquecendo a face da Terra.

Tópicos:
- Aperfeiçoar-se nas técnicas de comando.
- Aprender sobre o relacionamento humano.
- Preparar-se, aumentando o conhecimento para enfrentar o mundo competitivo.

Conclusão: Faça um curso de liderança na Falarte e certamente sua personalidade se fortalecerá. Desde já, sejam bem-vindos à Falarte!

Agradece e despede-se.

Área da Produção
(Trabalho)

Tema: Reunião na empresa: esclarecimentos.
Objetivo: Abordar as estratégias para aumentar as vendas.
Introdução: Precisamos aumentar as vendas em 100% neste mês.
Tópicos:
- Uma mídia mais agressiva.
- Mais atenção aos clientes.
- Satisfação total das necessidades dos clientes.

Conclusão: Vamos cumprir com todas as nossas metas. Vamos dar o melhor de nós mesmos. Avante, pessoal!

Agradece e despede-se.

Área Religiosa

Tema: Natal.
Objetivo: Destacar o verdadeiro sentido do Natal.
Introdução: "Muitas vezes o repicar dos sinos de Natal, com sua exuberante alegria, limita-se ao tilintar das máquinas registradoras" (Eleonor Doan).

Tópicos:
- Não há Natal sem Cristo.
- Natal é um estado de espírito que desperta a paz e a boa vontade.
- Natal é momento de reflexão espiritual.

Conclusão: Lembrem-se todos de que é Cristo no coração que faz o verdadeiro Natal.

Agradece e despede-se.

Área religiosa
(Espiritualidade)

Tema: A misericórdia divina.
Objetivo: Destacar a bondade e a misericórdia de Deus.
Introdução: O amor de Deus pelos homens é imensurável.
Tópicos:
- Não há homem que Deus não possa transformar.
- Não existe um milagre que Deus não possa realizar.
- Não existe ser humano que Deus não queira perdoar.

Conclusão: Que Deus permita que a Sua misericórdia alcance a você e a toda sua família.

Agradece e despede-se.

Área Jurídica

Tema: Formatura de Direito.
Objetivo: Abordar os desafios que o advogado enfrenta nos dias atuais.
Introdução: "A justiça é como a luz: não sabemos bem o que é, mas sentimos logo quando ela falta" (A. A. Milne).

Tópicos:
- Uma justiça morosa e clientes que desejam resultados rápidos.
- A multiplicidade de atuação.
- Os graves problemas que resultam de injustiças.

Conclusão: Parabéns a todos os formandos! Que tenham sucesso na profissão e que estejam preparados para os desafios vindouros. Sejam felizes!

Agradece e despede-se.

Área Financeira

Tema: Como administrar o seu dinheiro?
Objetivo: Contribuir para uma boa administração financeira.
Introdução: "O preceito bíblico adverte: o apego ao dinheiro é a raiz de todos os males".
Quatro passos para administrar o seu dinheiro:
- O primeiro passo para sair do vermelho é fazer um diagnóstico de todos os gastos...
- Corte os gastos supérfluos.
- Pague em dia suas dívidas, sem juros.
- Faça uma vantajosa negociação com os credores.

Conclusão: Disciplinando sua vida financeira, você dormirá tranquilo e acordará sorrindo.

Agradece e despede-se.

Área Política

Tema: Candidatura ao cargo de vereador.
Objetivo: Destacar o porquê de eu ser candidato.
Introdução: Minha candidatura nasceu de um desejo popular, e não por vaidade pessoal.

Tópicos:
- Tenho projetos sérios para a comunidade.
- Tenho representatividade junto à comunidade.
- Tenho disposição e capacidade política para legislar.

Conclusão: Conto com o apoio de todos vocês nesta jornada difícil para juntos vencermos, pois a minha vitória será a sua vitória. Juntos venceremos e governaremos!

Agradece e despede-se.

16. Contribuições para o bom uso de nossa língua

Palavras que merecem atenção ao serem faladas	
Costuma-se equivocadamente dizer	O correto é dizer
beneficiente	beneficente
cincoenta	cinquenta
rúbrica	rubrica
filântropo e misântropo	filantropo e misantropo
maquinária	maquinaria
décano	decano
gratuíto	gratuito
rúim	ruim
zeníte	zênite
cíclope	ciclope
zinabre	azinhavre

Algumas vezes, a linguagem popular modifica as palavras ou expressões, como por exemplo:
- *Cuspido e escarrado:* quer representar que algo/alguém é igual a algo/alguém. Vem da expressão "esculpido em

Carrara" (região da Itália onde existem os mármores mais nobres).
- *Madureira:* vem de madeireira, pois no local onde fica este bairro carioca havia muitas madeireiras.
- *Realengo:* vem da expressão "realengo", que significava que o engenho dali pertencia à família real.

O uso correto de porquê, por quê, porque e por que:

PORQUÊ: usa-se sempre que é precedido de artigo definido e somente em frases afirmativas.
Exemplo: O *porquê* deste engano encontra-se no fato de esta empresa ser desorganizada.

POR QUÊ: usa-se apenas ao final de frases interrogativas.
Exemplo: Você se atrasou *por quê*?

PORQUE: usa-se sempre nas respostas, indicando uma explicação ou causa.
Exemplo: Não fui ao encontro *porque* fiquei doente.

POR QUE: usa-se sempre que:
a) Puder ser substituído por *pelo qual/pela qual*.
Exemplo: Diga-me a razão *por que* você mentiu.
b) Quando se subentenderem as palavras, razão ou motivo.
Exemplo: Diga-me *por que* você está chorando.

Concordância verbal

- Com verbos impessoais (isto é, que não possuem sujeito), não há flexão em número do verbo, ou seja, eles ficam na 3ª pessoa do singular:
a) *Haver* no sentido de existir.

b) *Haver* marcando tempo passado.

c) *Fazer* no sentido de fenômeno climático: "*Faz* verões terríveis no Saara", ou marcando tempo transcorrido: "Hoje *faz* 10 anos de sua morte".

- No verbo *ser* marcando tempo ou distância, a concordância é feita com o primeiro numeral que aparece.

a) Já *é* meio dia e meia.
b) Daqui a São Paulo *são* 400 quilômetros.
c) Acorde-me quando *forem* 7 horas.

- Todos os outros verbos serão flexionados.

a) *Ocorreram* mortes no desastre.
b) No Rio ainda *há* sobrados centenários (verbo *haver*).
c) *Estabeleceram* normas para o concurso (verbo *estabelecer*).

> **Como é correto falar: "é meio dia e meio" ou "é meio dia e meia"?**
>
> O correto é falar "é meio dia e *meia*", pois aqui está subentendido o substantivo feminino "hora" (meia hora). No caso da palavra subentendida ser masculina, como em "levei um *mês* e meio para concluir meu trabalho", aí o uso da palavra "meio" está certo.

Para mim ou para eu?

O uso irá depender do verbo!

- Quando *o verbo vier antes,* usa-se "para *mim*":

Exemplos:
a) Ele ligou para *mim*
b) Você chegou antes de *mim*.

- Quando o *verbo no infinitivo vier depois*, usa-se para *eu*:

Exemplos:
   a) É para *eu* te ligar.
   b) Você chegou antes de *eu* sair.

Mesmo ou igual?

- *Mesmo* é uma coisa só e *igual* é outra coisa:

Exemplos:
   a) Se beber a *mesma* bebida, então a bebida é uma só, ou seja, a mesma.
   b) Se beber a bebida *igual*, então são duas bebidas, ou seja, uma igual a outra.

Comprimento ou cumprimento?
Comprido ou cumprido?

- Comprimento é relativo a *medida*.
- Cumprimento diz respeito a uma *saudação*.
- Comprido é algo longo, extenso.
- Cumprido é aquilo que foi feito, realizado; vem do verbo *cumprir*.

Conserto ou concerto?

- *Conserto*, com **S**, refere-se ao que é consertado, reparado.
  Exemplo: Preciso *consertar* meu carro.
- *Concerto*, com **C**, refere-se a sessão musical, a assembleia que executa vários trechos musicais.
  Exemplo: Vou a um concerto no Teatro Municipal.

Sessão, seção ou cessão?

- *Sessão:* usa-se para indicar uma reunião, uma junta ou um congresso; também usada para referir programas ou espetáculos que acontecem, ou à sua subdivisão em mais de uma vez ao dia (sessão de cinema, teatro).
- *Seção:* diz respeito à divisão por setor de uma obra, estudo, repartição pública ou estabelecimento qualquer.
- *Cessão:* significa ceder, conceder.

> **Quando você lê, num anúncio, "maiores informações com fulano", o que você pensa? Está certa a formulação desta frase?**
>
> Não existe informação maior ou menor, informação é informação. O que se pode dizer é que existem mais informações aqui ou ali, com fulano ou com beltrano. Portanto, neste anúncio deveria estar escrito: "Mais informações com fulano".
> *(Iris Tibúrcio Duarte, psicóloga, psicoterapeuta e palestrante motivacional)*

17. Ilustrações para a introdução ou conclusão do discurso

Existe um provérbio chinês que diz: "Uma ilustração vale mais que mil palavras".

Através da *ilustração* você vai tornar o discurso mais interessante, mais cativante. Uma ilustração pode ser uma história, um fato, uma poesia ou mesmo uma revista, um jornal, um objeto, uma dramatização.

Um discurso intelectualizado, teórico, prolixo, sem nenhuma ilustração, cansa, aborrece, provoca sono, acaba dispersando o público. Portanto, o orador que deseja ser ouvido atentamente lança mão desses recursos, esforça-se para tornar agradável o seu discurso, utilizando ilustrações (rápidas, resumidas, interessantes), desde que coerentes com o *tema* apresentado.

Histórias, fatos...

Um homem rico

Um homem rico, sentindo-se morrer, pediu papel e pena, e escreveu assim: "Deixo os meus bens a minha irmã não a meu sobrinho jamais será paga a conta do alfaiate nada aos pobres".
Não teve tempo de pontuar – e morreu. A quem ele deixava a fortuna que tinha?
Eram *quatro* os concorrentes.
Chegou o *sobrinho* e fez as pontuações numa cópia do bilhete: "Deixo os meus bens à minha irmã? Não! *Ao meu sobrinho.* Jamais será paga a conta do alfaiate. Nada aos pobres".
A *irmã* do morto chegou em seguida, com outra cópia do escrito, e pontuou deste modo: "Deixo meus bens *à minha irmã.* Não ao meu sobrinho. Jamais será paga a conta do alfaiate. Nada aos pobres".
Surgiu o *alfaiate* que, pedindo a cópia do original, fez a seguinte pontuação: "Deixo meus bens à minha irmã? Não. Ao meu sobrinho? Jamais. Será paga a conta do *alfaiate.* Nada aos pobres".
O juiz estudava o caso quando chegaram os *pobres* da cidade, e um deles, mais sabido, pontuou o texto assim: "Deixo meus bens à minha irmã? Não! Ao meu

sobrinho? Jamais! Será paga a conta do alfaiate? Nada! *Aos pobres!"*

Assim é a vida: onde colocamos os pontos, isto é que faz a diferença!

(Autor desconhecido)

Se...

Se és capaz de manter a calma quando todo mundo ao redor de ti já a perdeu e te culpa;
Se és capaz de crer em ti quando todos estão duvidando, e para estes, no entanto, achar uma desculpa;
Se és capaz de esperar sem te desesperares ou, enganado, não mentir ao mentiroso ou, sendo odiado, sempre ao ódio te esquivares e não pareceres bom demais nem pretensioso;
Se és capaz de pensar sem que, a isto, só te atires; de sonhar sem fazer dos sonhos teus senhores;
Se, encontrando a desgraça e o triunfo, conseguires tratar da mesma forma estes dois impostores;
Se és capaz de ver mudadas em armadilhas as verdades que disseste, e as coisas por que deste a vida, estraçalhadas, e refazer para o bem, o pouco que te reste;
Se és capaz de arriscar numa única parada tudo quanto ganhaste em toda tua vida, e perdê-lo e, ao perder, sem nunca dizer nada, resignado, voltar ao ponto de partida;
De forçar coração, nervos, músculos, dar tudo, seja o que for, o que neles ainda existe.

E a persistir assim quando, exausto, contudo resta a vontade em ti, que ainda ordena: *persiste*!
Se és capaz de, entre a plebe, não te corromperes, e, entre reis, não perderes a naturalidade;
E de amigos, quer bons, quer maus, te defenderes,
Se a todos podes ser de alguma utilidade;
Se és capaz de dar, segundo por segundo, ao minuto fatal, todo valor e brilho;
Tua é a terra com tudo o que existe no mundo;
E o que é muito mais:
És um homem, meu filho!

(Rudyard Kipling)

O poder do diálogo

Basta abrir os olhos e observar o comportamento das pessoas, e logo chegaremos à conclusão de que grande parte dos desentendimentos deriva da falta de *diálogo*. O diálogo é um instrumento mágico, que opera prodígios.

Cláudio fez um comentário sobre seu amigo Jeferson, um terceiro ouviu, carregou nas tintas, colocou veneno e transmitiu ao amigo.

Abriu-se um distanciamento que poderia chegar a grandes proporções e desastrosas consequências... Jeferson sentiu-se deprimido e quase dominado pelas suspeitas.

Mas mesmo machucado, refletiu, ponderou, pediu discernimento a Deus e buscou o ofensor. Sentaram-se, tiveram um diálogo aberto, honesto, e quando os caminhos se tornaram livres, as cadeias arrebentadas, um acolheu o outro na sua verdade transparente e então...

A harmonia resplandeceu! Porque o poder do diálogo *puro e sincero* semeou a *luz* no centro de seus corações...

(Inácio Larrañaga)

Invisível

Era uma vez um menino comum, tão comum, mas tão comum, que ninguém reparava nele.
Invisível?
Não era nem feio nem bonito, nem grande nem pequeno.
Inteligente? Nem tanto, mas também não era burro.
Às vezes carinhoso, manhoso, sempre triste.
Tinha muitos irmãos, primos, colegas de turma, mas poucos amigos.
Estava sempre sozinho.
De vez em quando, ficava esperando que, de patinho feio, virasse um cisne, milagrosamente e aí...
Aí, todo mundo iria reparar nele e gostar dele.
Não ia ser somente um menino perdido na multidão.
Mas o milagre não acontecia... Nunca!
Um dia, sua mãe o levou a uma psicóloga, que não reparou nele e deixou de atendê-lo!
O menino estava cada dia mais triste. Até que descobriu que era exatamente a tristeza que o tornava invisível. E decidiu começar a sorrir mesmo sem vontade, e aprendeu a sorrir.

Era uma vez um menino comum, nem grande nem pequeno, nem inteligente nem burro. Carinhoso e manhoso, quem *aprendeu a sorrir* se chamava Felipe, e era muito feliz...
Sem abrir os olhos,
Sem olhar o mundo,
Sem sorrir,
Sem se mostrar,
A gente fica invisível!
Qualquer um fica invisível!

(Tânia Castelliano)

Ó, tu, aflita

"Ó, tu, aflita, arrojada com a tormenta e desconsolada", como diz a Bíblia, enxuga essas lágrimas vãs, inúteis e sem valor, e levanta os olhos.

Eleva o pensamento acima da desumanidade dos homens para com os homens, a fim de compreenderes mais o grande amor universal do Pai querido, as flores, as estrelas, os pássaros, os carneirinhos adormecidos, as tenras folhinhas que desabrocham sob o sol primaveril. Será que o Seu amor abrangeria tudo isso no mais tenro cuidado, e ao mesmo tempo se esqueceria de ti, seu filho querido?

Certamente chegará a hora em que tu olharás para trás, para essa experiência atual, que agora parece tão difícil, cruel e injusta, e compreenderás que ela era em realidade uma grande benção disfarçada, pois te impulsionou a abandonar a confiança na ajuda humana e volver-te com mais desprendimento a Deus, como poder supremo, o único e grandioso Tudo-em-tudo?

Pai, eu Te agradeço.

(Louise K. Cook, O triunfo do bem)

A frô de maracujá (Para declamar)

Apois, intonce, eu lhe conto a história que eu vi contá:
Pru que razão nasce roxa a frô de maracujá.
Maracujá já foi branco, eu posso inté lhe jurá, mais branco do que a coaiada, mais branco do que o luá.
Quando as frô brotava nele, lá pras bandas do sertão, maracujá paricia um ninho de argodão.
Mais um dia, há muito tempo, num meis inté que nem me alembro, num sei se foi maio, se foi junho, se foi janero ou dezembro, Nosso Senhô Jesus Cristo foi condenado a morre, numa cruis, crucificado, longe daqui, como quê.
Havia junto da cruis, aos pé de Nosso Sinhô, um pé de maracujá, carregadinho de frô.
Pegaro Cristo a martelo, e, ao vê tamanha crueza, a natureza inteirinha, si pois a chorá de tristeza.
Chorava o vento no campo, chorava os campo, as ribera, sabiá também chorava, nos gaio da laranjêra.
E a lua, lá na ampridão, a ver a gente de vela, com os seus óio de neve, chorava um pranto de estrela.
E o sangue de Jesus Cristo, sangue pisado de dô, no pé de maracujá, tingia todas as frô. E foi por isso,

seu moço, que as froinha, ao pé da cruis, ficaro roxa, tomem como o sangue de Jesus.

Apois intonce seu moço, foi assim que eu ouvi conta pru que nasce roxa a frô do maracujá.

(Lui Iglesias)

Campo de batalha

– Meu amigo não voltou do campo de batalha, senhor. Solicito permissão para ir buscá-lo. Disse um soldado a seu tenente.
– Permissão negada, disse o oficial. Não quero que arrisque a sua vida por um homem que provavelmente já esteja morto.
O soldado, ignorando a proibição, saiu e uma hora mais tarde... Voltou mortalmente ferido, transportando o cadáver de seu amigo.
O oficial estava furioso:
– Não falei? Eu não disse que ele estava morto? Diga-me, valeu a pena ir até lá e trazer um cadáver?
E o soldado, moribundo, respondeu:
– Claro que sim, senhor! Quando eu o encontrei, ele ainda estava vivo e pôde me dizer: "Eu tinha certeza de que você viria!"

(Autor desconhecido)

Cartinhas para Deus...

Querido Deus,
Eu não sabia que laranja combinava com roxo, até que

vi o pôr do sol que Você fez na terça-feira. Foi demais!

Eugene

Querido Deus,
Você queria mesmo que a girafa se parecesse assim ou foi um acidente?

Norma

Querido Deus,
Em vez de deixar as pessoas morrerem e ter que fazer outras novas, por que Você não mantém aquelas que tem agora?

Nancy

Querido Deus,
Eu fui a um casamento e os noivos se beijaram dentro da igreja. Tem algum problema nisso?

Neil

Querido Deus,
Obrigado pelo meu irmãozinho, mas eu orei tanto por um cachorrinho...

Joyce

Querido Deus,
Choveu o tempo todo durante as nossas férias, e como meu pai ficou zangado!
Ele disse algumas coisas sobre Você que as pessoas não deveriam dizer, mas eu espero que você não vá machucá-lo.

Seu amigo (mas eu não vou dizer quem eu sou)

Querido Deus,
Por favor, me mande um pônei. Eu nunca pedi nada antes, Você pode checar!

Bruce

Querido Deus,
Eu quero ser igualzinho a meu pai quando crescer, mas não com tanto cabelo no corpo.

Sam

Querido Deus,
Eu aposto como é muito difícil para você amar a todas as pessoas no mundo. Na nossa família, só tem quatro pessoas e eu não consigo...

Nan

Querido Deus,
Meus irmãos me falaram sobre nascer de novo. Eles estão brincando, não é?

Marsha

Querido Deus,
Se você olhar para mim na igreja no domingo, eu vou Te mostrar meus sapatos novos.

Mickey

Querido Deus,
Nós lemos que Thomas Edison fez a luz. Mas na escola dominical nós aprendemos que foi você. Eu acho mesmo é que ele roubou a sua ideia. Sinceramente,

Donna

Querido Deus,
Eu não acho que alguém poderia ser um Deus melhor

do que Você. Bem, eu não quero que Você pense que
eu estou dizendo isso só porque Você já é Deus...

Charlie

Querido Deus,
Talvez Caim e Abel não se matassem um ao outro,
se eles tivessem seu próprio quarto. Isso funciona
comigo e com meu irmão.

Eddie

Não adianta...

Não adianta dar esmolas,
se você humilha o pobre...
Não adianta fazer o bem,
se for para sua vaidade...
Não adianta orar.
se você for fariseu...
Não adianta perdoar,
se ficar recordando a ofensa...
Não adianta dizer que tem fé,
se não der testemunho...
Não adianta fazer milagres,
se não tiver o Espírito de Deus...
Não adianta oferecer sacrifícios,
se não for por amor...
Não adianta crer na vida eterna,
se você vive mal a sua vida presente...

(Pe. Luiz Cechinato)

De volta ao paraíso

Certa vez, perguntei ao Ramesh:
– Por que existem pessoas que saem facilmente dos problemas mais complicados, enquanto outras sofrem por problemas muito pequenos, morrem afogadas num copo de água?

Ele simplesmente sorriu e contou uma história. Era a de um sujeito que viveu amorosamente toda sua vida. Quando morreu, todos diziam que ele deveria ir para o céu, por ter sido tão bondoso.

Mas ir para o "céu" não era tão importante para aquele homem, e mesmo assim, ele se dirigiu para lá.

Naquela época, o céu estava passando por reformas. A recepção não funcionava muito bem, e a moça que o recebeu era nova na função. Ela olhou rapidamente as fichas que estavam em cima do balcão. Como não viu o nome do indivíduo na lista, orientou-o a "dar uma descidinha" até o inferno.

Bem, inferno todos sabemos como é. Ninguém exige crachá ou convite, qualquer um que vai chegando é logo convidado a entrar. O sujeito, inocentemente, entrou e foi ficando.

Alguns dias depois, Lúcifer chegou, furioso, às portas do paraíso para tomar satisfações com São Pedro:
– Você é um irresponsável!! Nunca imaginei que fosse capaz de uma baixaria como essa! Isso que você está fazendo é puro terrorismo!!

Sem saber o motivo de tanta raiva, São Pedro perguntou, surpreso, sobre o que se tratava. Lúcifer, transtornado, desabafou:

– Você mandou aquele sujeito para o inferno e ele está fazendo a maior bagunça por lá. Chegou escutando as pessoas, olhando-as nos olhos, conversando com elas. Agora todos andam dialogando, se abraçando, se beijando. O inferno está insuportável, parece mais o paraíso!

E fez um apelo:

– Pedro, por favor, pegue aquele sujeito e o traga para cá!

Quando Ramesh terminou de contar a história, olhou-me carinhosamente e disse:

– Viva com tanto amor no coração que, se por engano você for para o inferno, o próprio demônio lhe trará de volta ao paraíso!

(Autor desconhecido)

Sacristão novato

O pároco de um povoado distante chamou o sacristão e lhe disse:

– Toque o sino para a missa, como de costume, reúna o povo e dê estes avisos:

1. O vigário está doente, mas ninguém comete pecado por não ouvir missa no domingo.

2. Amanhã é dia de abstinência, porque é véspera de São Pedro e São Paulo.

3. Fernando e Luiza querem se casar. Quem souber de algum impedimento, que avise.

4. Quinta-feira próxima é véspera da primeira sexta-feira, haverá confissões.

5. No domingo, vai haver coleta para o Papa.

6. Na sacristia há uma bolsa de senhora, encontrada na igreja.

No domingo o sacristão reuniu o povo e falou:
1. O vigário está doente, mas isto não é pecado.
2. Terça feira vão se casar São Pedro e São Paulo.
3. Aqueles que souberem de algum deslize de Fernando e Luiza devem guardar abstinência.
4. Quinta-feira é a primeira sexta-feira.
5. No domingo, o Papa vai fazer a coleta, com a bolsa de senhora que está guardada na sacristia.

(A. G. Morandillo)

Ser simpático não basta!

Estive há dias atrás hospedado num dos melhores hotéis do Brasil. Cinco estrelas, famosíssimo! Lindo! Maravilhoso! Obviamente, caro.

O que mais me chamou a atenção foi o seguinte: nunca vi funcionários tão simpáticos, educados, finos. A todo momento estavam dizendo "com licença", "por favor", "obrigado" etc.

No entanto, tudo o que pedi ou não veio, ou demorou uma imensidão de tempo para eu ser realmente atendido! Minha secretária avisou que mandou fax urgente para mim e confirmou o recebimento no hotel. Liguei para a recepção e a recepcionista confirmou o fax e disse:

– Desculpe pela nossa demora. Estou enviando imediatamente para o seu apartamento.

Mais meia hora e nada do fax. Liguei novamente para a recepção e a moça me disse:
— Mil perdões pela demora. O fax está realmente aqui, estou enviando, e estou enviando imediatamente.
Mais meia hora e o fax não chegou! Eu tive que ir à recepção para buscar pessoalmente o meu fax...
Na mesa de salada não tinha o azeite. Pedi ao garçom. Ele me disse:
— Desculpe-me, senhor, vou providenciar imediatamente.
E o garçom foi fazer outra coisa e não trouxe o azeite. Tive que pedir duas vezes pelo azeite! Na piscina do hotel o garçom passava, passava, passava ao lado de todos os hóspedes e não parava para perguntar se queriam alguma coisa. Um hóspede ao meu lado reclamou que estava esperando a sua água já fazia quase uma hora!
Você, leitor, já teve esta experiência? Ser simpático não basta! É preciso fazer o serviço! De nada adianta ficar dizendo "desculpe", "imediatamente" etc., se não fizer o que o cliente deseja ou solicita! É a conta que não vem no restaurante; o carro que não vem da garagem; a ligação de retorno que a empresa ficou de dar ao cliente e não dá; a informação solicitada que não é prestada etc.
Nesta semana, pense nisso. Às vezes confundimos polidez, educação com serviço! É preciso entregar o serviço e também sermos polidos e educados.
Verifique se isto não está acontecendo em sua empresa. O cliente não perdoa um mau serviço por mais polidas que sejam as pessoas. Parece mais

falsidade que desejo de atender. Isso irrita profundamente o cliente.

(Luiz Almeida Marins Filho, PhD)

Amanhã pode ser tarde

Ontem? Isso faz tempo!
Amanhã? Não nos cabe saber...
Amanhã pode ser muito tarde
Para você dizer que ama,
Para você dizer que perdoa,
Para você dizer que quer tentar de novo...
Para você dizer:
Desculpe-me, o erro foi meu...
O seu amor, amanhã, pode já ser inútil;
O seu perdão, amanhã, pode já não ser preciso;
A sua volta, amanhã, pode já não ser esperada;
A sua carta, amanhã, pode já não ser lida;
O seu carinho, amanhã, pode já não ser mais necessário;
O seu abraço, amanhã, pode já não encontrar outros braços...
Porque amanhã pode ser muito... muito tarde!
Não deixe para amanhã para dizer:
Estou com saudade de você!
Desculpe-me!
Esta flor é para você!
Você está tão bem!
Não deixe para amanhã
O seu sorriso,
O seu abraço,

A sua ajuda...
Não deixe para amanhã para perguntar:
Por que você está triste?
O que há com você?
Ei!...Venha cá, vamos conversar...
Ainda tenho chance?...
Já percebeu que eu existo?
Por que não começamos de novo?
Estou com você. Sabe que pode contar comigo?
Cadê os seus sonhos? Onde está sua garra?
Lembre-se:
Amanhã pode ser tarde... muito tarde!
Procure. Vá atrás! Insista! Tente mais uma vez!
Só hoje é definitivo!
Amanhã pode ser tarde... muito tarde!

(Sônia Machado)

Pingue-pongue

O dia mais belo? Hoje.
A coisa mais fácil? Errar.
O maior obstáculo? O medo.
O maior erro? O abandono.
A raiz de todos os males? O egoísmo.
A distração mais bela? O trabalho.
A pior derrota? O desânimo.
Os melhores professores? As crianças.
A primeira necessidade? Comunicar-se.
O sentimento mais ruim? O rancor.
O presente mais belo? O perdão.

O mais imprescindível? O lar.
A rota mais rápida? O caminho certo.
A sensação mais agradável? A paz interior.
A produção efetiva? O sorriso.
O melhor remédio? O otimismo.
A maior satisfação? O dever cumprido.
A força mais poderosa do mundo? A fé.
As pessoas mais necessárias? Os pais.
A mais bela de todas as coisas? O amor.

(Madre Teresa de Calcutá)

Nós e o espelho

Alguém muito desanimado entrou numa igreja, e em determinado momento disse para Deus: "Senhor, aqui estou porque em igrejas não há espelhos, pois nunca me senti satisfeito com a minha aparência".

Subitamente uma folha de papel caiu aos seus pés, vinda do alto do templo. Atônito, ele a apanhou e viu a seguinte mensagem:

"Minha criatura, nenhuma das obras veio ou ficou sem beleza, pois a feiura é invenção dos homens e não minha.

Não importa se o corpo é gordo ou magro: ele é o templo do espírito e este é eterno.

Não importa se os braços são longos ou curtos: sua função é o desempenho do trabalho honesto.

Não importa se as mãos são delicadas ou grosseiras: sua função é dar e receber o bem.

Não importa a aparência dos pés:

Sua função é tomar o rumo do amor e da humildade.
Não importa o tipo de cabelo,
nem se ele existe ou não numa cabeça: o que importa são os pensamentos que por ela passam.
Não importa a forma ou a cor dos olhos: o que importa é que eles vejam o valor da vida.
Não importa o formato de nariz: o que importa é inspirar e expirar a Fé.
Não importa se a boca é graciosa ou sem atrativos: o que importa são as palavras que saem dela".

Ainda atônito, esse alguém se dirigiu para a porta de saída, que tinha algumas paredes de vidro.
Nesse exato momento, sentiu que toda sua vida se modificaria.
Havia esse lembrete na porta: "Veja com bons olhos seu reflexo neste vidro e lembre-se de tudo que deixei escrito. Observe que não há uma única linha sobre Mim que afirme que sou bonito".

(Autor desconhecido)

Autoestima

Autoestima é uma solidez no âmago do ser. Sem autoestima suficiente, você sente um vazio dolorido, "um buraco na alma", que anseia por ser preenchido. Perceba esse vazio, só você pode preenchê-lo.
Autoestima é mais do que um ar de desconfiança, uma atitude superior, mensagens positivas rodando em seu toca-fitas interior ou um andar empertigado

pelo mundo. Autoestima é estar verdadeiramente à vontade e em paz consigo mesmo. É o conhecimento íntimo, profundo, de que você tem importância e de que é aceitável exatamente como você é.

Algumas pessoas passam a vida toda recusando-se a encarar o vazio que têm dentro de si, um vácuo que transmite uma sensação dolorosa de algo errado e vexatório sobre si mesmas.

Várias são as formas que as pessoas usam para encobrir o sofrimento: algumas utilizam o sucesso em realizações materiais, outras se entorpecem com um comportamento doentio. Outras ainda recorrem a terceiros para que estes preencham esse "buraco na alma", como John Bradshaw denomina.

Você é um filho maravilhoso e especial, amado e amável de Deus. É um sinal único na criação que nunca poderá ser duplicado.

Conscientize-se dessa realidade. Ela é a base da autoestima. Ninguém e nada poderá arrancar essa realidade de você...

Liberte-se da vergonha como um modo de vida. Livre-se dela, você tem condições de ser você, a pessoa única e encantadora que a imaginação de Deus colocou no mundo.

Viva a partir do centro. É lá que Deus sussurra: "Eu estou sempre com você. Você é meu!"

(Karen Katafiasz)

Informação, por favor...

Quando eu era criança, bem novinho, meu pai comprou o primeiro telefone da nossa vizinhança. Eu ainda me lembro daquele aparelho preto e brilhante que ficava na cômoda da sala.
Eu era muito pequeno para alcançar o telefone, mas ficava ouvindo fascinado enquanto minha mãe falava com alguém.
Então, um dia descobri que dentro daquele objeto maravilhoso morava uma pessoa legal e o nome dela era "Informação, por favor", e não havia nada que ela não soubesse. "Informação, por favor" poderia fornecer qualquer número de telefone e até a hora certa. Minha primeira experiência pessoal com esse gênio veio num dia em que minha mãe estava fora, na casa de um vizinho. Eu estava na garagem mexendo na caixa de ferramentas, quando bati meu dedo com um martelo.
A dor era terrível, mas não havia motivo para chorar, uma vez que não tinha ninguém em casa para me oferecer um consolo...
Eu andava pela casa, chupando o dedo dolorido até que pensei: o *telefone!*
Rapidamente fui até o porão e peguei uma pequena escada, que coloquei em frente à cômoda da sala. Subi na escada, tirei o telefone do gancho e segurei contra o ouvido. Alguém atendeu e disse: "Informação, por favor!" Ouvi uns dois ou três cliques, e uma voz suave e nítida falou em meu ouvido:

"Informação, eu machuquei o meu dedo..." disse, e as lágrimas vieram facilmente, agora que eu tinha uma audiência.

"A sua mãe não está em casa?" "Não tem ninguém aqui", eu soluçava.

"Está sangrando?" "Não", respondi. "Eu machuquei o dedo com o martelo e está doendo muito!"

"Você consegue abrir o congelador?" Ela perguntou, e eu respondi que sim.

"Então pegue um cubo de gelo e passe no dedo", disse a voz.

Depois daquele dia, eu ligava para "Informação, por favor" por qualquer motivo. Ela me ajudou nas minhas dúvidas de geografia e me ensinou onde ficava a Filadélfia. Ajudou-me nos exercícios de matemática e me ensinou que o esquilo que eu trouxe do bosque deveria comer nozes e frutinhas.

Então um dia, Petey, meu canário, morreu. Eu liguei para "Informação, por favor" e contei o ocorrido. Ela escutou e começou a falar aquelas coisas que se dizem para uma criança que está crescendo. Mas eu estava inconsolável.

Eu perguntava: por que os passarinhos cantam tão lindamente e trazem tanta alegria para a gente, para no fim, acabarem como um monte de penas numa gaiola??

Ela deve ter compreendido a minha dor, porque acrescentou mansamente: "Paul, nunca, jamais se esqueça de que existe um outro lugar onde a gente pode cantar mais bonito e ser mais feliz!!" De alguma maneira depois disso eu me senti melhor.

No outro dia, lá estava eu de novo. "Informação, como se escreve exceção?"

Tudo isso aconteceu em minha cidade natal no norte do Pacífico. Quando eu tinha 9 anos, nós nos mudamos para Boston. Eu senti muita falta da minha amiga "Informação, por favor".

Eu não sentia nenhuma atração pelo nosso novo aparelho telefônico branquinho que ficava na cômoda da nova sala.

Conforme eu crescia, as lembranças daquelas conversas infantis nunca saíam da minha memória. Frequentemente, em momentos de dúvida ou perplexidade, eu tentava recuperar o sentimento calmo de segurança que eu tinha naquele tempo. Hoje eu entendo as ligações de um molequinho. Alguns anos depois, quando estava indo para a faculdade, meu avião teve uma escala em Seattle.

Eu teria mais ou menos meia hora entre os dois voos. Falei ao telefone com minha irmã, que morava por lá, por 15 minutos. Então, sem nem mesmo sentir que estava fazendo isso, disquei o número da operadora daquela minha cidade natal e pedi: "Informação, por favor". Eu não tinha planejado isso, mas me peguei perguntando: "Você sabe como se escreve 'exceção'?"

"Seu dedo já sarou, Paul?"

Eu ri. "Então é você mesma!" Eu disse.

"Você não imagina como era importante para mim naquele tempo".

"Eu imagino", ela disse. "E você não sabe o quanto significavam para mim aquelas ligações. Eu não tenho filhos e ficava esperando todos os dias que você ligasse".

Eu contei a ela o quanto pensei nela todos esses anos, e perguntei se poderia visitá-la quando fosse encontrar a minha irmã.

"É claro", ela respondeu, "venha aqui e chame a Sally".

Três meses depois eu fui a Seattle visitar minha irmã. Quando liguei uma voz diferente respondeu: "Informação..." Eu pedi para chamar a Sally.

"Você é amigo dela?", a voz perguntou.

"Sou um velho amigo. Meu nome é Paul".

"Eu sinto muito, mas a Sally estava trabalhando aqui apenas meio período porque estava doente. Infelizmente ela morreu há cinco semanas...

Antes que eu pudesse desligar, a voz perguntou: "Espere um pouco, você disse que seu nome é Paul? A Sally deixou uma mensagem para você. Ela escreveu e pediu para eu guardar caso você ligasse. Eu vou ler". A mensagem dizia: "Diga a ele que eu ainda acredito que existe um outro lugar onde se pode cantar mais bonito e se sentir mais feliz..."

Agradeci e desliguei. Eu entendi...

(Autor desconhecido)

Os dois irmãos

Eram dois irmãos, um solteiro e um casado. O casado possuía muitos filhos. Os dois compraram uma fazenda e resolveram administrá-la em regime de sociedade. Concordaram que plantariam e colheriam, dividindo

entre si o produto da terra, metade para cada um, igualmente. Cada um tinha o seu próprio celeiro. Os negócios iam bem, mas um dia o irmão solteiro ficou refletindo: "Não acho justo que meu irmão e eu dividamos igualmente os frutos da terra, pois sua família é numerosa; é muita gente para alimentar, ao passo que eu só tenho a mim... Farei o seguinte: todas as noites irei ao meu celeiro, apanharei um saco de grãos e levarei em sigilo ao celeiro do meu irmão.
Todas as noites, o irmão solteiro punha às costas um saco de grãos e cuidadosamente o transportava até o celeiro do seu irmão casado... Por sua vez, o irmão casado também refletiu sobre a situação do irmão solteiro. Pensou: "Não é justo que meu irmão solteiro e eu dividamos meio a meio os lucros da fazenda. Eu tenho muitos filhos, de modo que, no futuro, eles irão certamente me sustentar, mas meu irmão não tem ninguém por ele; quando estiver envelhecido, quem o ajudará? Farei o seguinte: irei ao meu celeiro pela madrugada, apanharei um saco de grãos e o levarei até o celeiro do meu irmão..." Assim pensou e assim fez... Todos os dias, os dois irmãos ficavam admirados pelo fato de não diminuir o estoque do celeiro. Uma noite, porém, os dois se encontraram no meio do caminho, cada um com um saco nas costas. Ficaram muito assustados, de pronto jogaram os sacos e felizes abraçaram-se demoradamente, um chorou no ombro do outro...
Essa história nos vem de um riquíssimo folclore judaico. Contam os judeus que, quando Deus flagrou os dois

irmãos assim abraçados, falou: "De hoje em diante, este será sempre um lugar sagrado, porque aqui eu flagrei um amor extraordinário!" Acrescentam ainda os judeus que, anos mais tarde, Salomão construiria nesse lugar o seu suntuoso Templo...

(C. Dutra)

A originalidade do "ser"

Ao nascermos, somos todos madeiras de lei. Pinho-de-Riga puro. Mas logo começam as pinceladas de tinta. Cada um pinta um pouquinho sobre nós a cor de sua preferência. Todos são pintores: pais, tios, avós, primos, padrinhos, professores, padres, pastores. Pintam tanto e sempre, até que o nosso ser desaparece. Claro que não é com tinta e papel que eles nos pintam. O pincel é a fala. As tintas são as palavras. Falam, e as palavras grudam em nosso corpo, entram em nossa carne e em nossa mente.
Nosso ser está cheio de tatuagens da cabeça aos pés... Quem somos nós?
"O intervalo entre o nosso desejo e aquilo que os outros desejam... Ou fizeram de nós".

(Rubem Alves)

Parte II

PRECIOSAS DICAS DE ORATÓRIA[2]

---

[2] Todas essas dicas você, leitor, pode utilizar para realizar em sua escola, em seu ambiente de trabalho, em sua igreja um Show de Oratória. Você vai se surpreender com essa agradável e divertida atividade! Pode-se distribuir cada dica para uma pessoa, e assim todos exercitam a oratória.

✔ **Dica nº 1** A respiração em função vital é um ato reflexo e inconsciente

Na sua função fônica, é a base fundamental da palavra, pois o som vocal depende de uma força motora, que é o ar expelido pelos pulmões.

O gesto respiratório compreende dois tempos: inspiração e expiração. Na inspiração, o tórax dilata-se e o ar penetra nos pulmões; na expiração, o ar é expulso por um movimento inverso.

A inspiração deve ser rápida, silenciosa e invisível; a expiração, suave e prolongada.

✔ **Dica nº 2** Olhe nos olhos das pessoas

É importante olhar nos olhos das pessoas, mesmo que esteja se sentindo constrangido. No princípio custa um pouco, mas com o tempo, conseguirá olhar com toda a naturalidade.

✔ **Dica nº 3** As vogais

Para a emissão perfeita de cada vogal, é necessário que haja a movimentação correta dos órgãos bucais, formando um molde para cada uma. A vogal emitida no seu molde certo produz sons harmônicos (a, é, i, ó, u).

✔ **Dica nº 4** Discursos

Há quatro tipos de discursos: lido, decorado, esquematizado (o mais usado) e improvisado.

Há um ditado que diz: "Nada se improvisa. Sempre que se vai falar, se fala das coisas que se sabe, ou que se ouviu dizer ou daquilo que se sente".

Perguntaram a Abraham Lincoln quanto tempo ele levava para aprontar um discurso. Ele respondeu: "Um dia de trabalho".

E um discurso de improviso? A resposta foi: "Três dias de trabalho para prepará-lo".

Embora Abraham Lincoln tenha afirmado isso, o discurso de improviso pode ser mais simples do que se imagina. Falar sobre um acontecimento que causou impacto é muito bom. O resultado é maravilhoso.

✔ Dica nº 5   Apresente-se em público com expressão de alegria

Sorria. Demonstre que está contente por se encontrar diante das pessoas. Essa é uma arma eficaz, que reduz a timidez. A timidez, por causar sofrimento, leva o orador a expressar tristeza no olhar e em todo o rosto. O sorriso, a alegria, mesmo resultante de um grande esforço, já resulta em superação e é um doce presente que você oferece com carinho aos seus ouvintes. Preste atenção aos discursos de Obama, por exemplo.

✔ Dica nº 6   Esteja preparado

Prepare bem o conteúdo e a sequência de sua fala. Faça um ensaio mental do seu discurso e prepare também o estado em que você quer estar.

✔ Dica nº 7   A introdução e um discurso

A introdução do discurso deve ser sempre curta, pois a verdadeira essência do discurso deve estar no corpo do discurso.

Existem várias formas de se iniciar um discurso. Por exemplo, se é uma festa de casamento, evidentemente se falará sobre coisas que se relacionem com o casamento, com os noivos, com o momento presente, a bonita organização, as qualidades do casal. A mesma coisa se a ocasião for o feriado nacional de 7 de setembro, quando se falará sobre o dia nacional, sobre o amor à pátria...

✔ **Dica nº 8** Piadas ofensivas, cuidado!

O bom humor é um excelente recurso facilitador dentro de um escritório. Neutraliza a tensão, eleva a motivação e estabelece laços, diz Carrie Mason.

Por outro lado, o humor negativo, preconceituoso, é uma fonte amarga de divisão. Portanto, isso é um bom motivo para que não se contem nem se ouçam piadas de mau gosto sobre mulheres, imigrantes, deficientes, questões de raça, cor etc.

Quando um colega contar uma anedota desse tipo na nossa presença, podemos dizer com palavras enérgicas: Isso é inadequado para o nosso ambiente. Se os preconceituosos não tiverem público, terão poucos motivos para transmitir material ofensivo.

✔ **Dica nº 9** É válido contar uma anedota

Pode ser uma anedota relativa à política, uma anedota didática, nunca uma anedota que manche a imagem de alguém, ou seja, maliciosa ou imoral.

✔ **Dica nº 10** Pensar e falar sobre o bem

É uma regra de vida, é um mandamento, é uma imposição. Todo homem responsável e portador de uma mente sadia deve estar vigilante, pronto a varrer de sua existência, de forma enérgica e definitiva, pensamentos fóbicos, toda doença da autopiedade, do complexo de vítima, de inferioridade, de sentimentos derrotistas, medos, preguiça, indisciplina e junto com eles toda a ansiedade... Com Deus, tudo é possível.

✔ **Dica nº 11**   Ultrapassar os limites

Limites estabelecidos por nós mesmos, pelas nossas inseguranças, medos, orgulho, timidez. Deve-se aprender a amar sem amarras, sem codependências.

Aprender, a perdoar, compreender... Cícero, o famoso orador romano, disse: "Quanto melhor é um homem, menos defeito vê nos outros".

Ultrapassar os limites do falar por falar. Aprender também a escutar.

✔ **Dica nº 12**   Normas de um orador de sucesso:

- O amor é o seu maior compromisso. Não se diminui, evita dizer palavras inúteis.
- Não julga, não condena, não critica, nem em pensamento.
- Nunca expõe nomes de pessoas ou instituições que possam ser identificadas.
- Respeita a ausência.
- Sabe que não é o dono da verdade, a descoberta é pessoal.
- Fala por si mesmo, evite a expressão "a gente".

✔ **Dica nº 13**   O orador precisa exercitar a cabeça fria

Cabeça fria é a capacidade de administrar as emoções. É sinônimo de autodomínio. Autodomínio é a virtude que coloca em nossas mãos as rédeas do nosso próprio "eu", faz-se ele mesmo o nosso freio. Exige exercício contínuo. A expressão "autodomínio", segundo Haroldo Rahn, implica o controle de tudo que em nós é desordenado, e dá a entender que não dispensa um trabalho pessoal de esforço e de renúncia. A cabeça fria, ou autodomínio, é a virtude dos fortes. Não é uma qualidade com que se nasce, exercita-se com humildade e fé.

O orador ou comunicador não pode desconhecer esta verdade: sua arma para vencer é a cabeça fria, pois a agressividade é uma figura horripilante, amedronta, afasta, gera humilhação!

✔ **Dica nº 14**   Aprenda a pintar imagens com suas palavras

Por exemplo: se for falar que a produção de petróleo foi de um milhão de litros, você pode dizer que foi de um Maracanã cheio de petróleo. Ou qualquer outra comparação melhor.

✔ **Dica n.º 15**   Amor incondicional é lei da vida

Esta é a lei da vida. Estamos imersos no amor, viemos dele, e é ele o nosso destino. Deve-se proporcionar todo um ambiente onde o amor deve prevalecer, a relação pessoa-pessoa deve crescer, através de um comunicar sério, digno e responsável, banindo todo tipo de competição, dominação ou submissão infantil, caso contrário a comunicação é vazia, egoísta e danosa.

✔ **Dica nº 16**   Pratique exercicios de respiração

Em pé, com as mãos sobrepostas na região diafragmática (dedos mínimos acima do umbigo), faça os movimentos de elevação e retração do diafragma, inspiração e expiração respectivamente.

✔ **Dica nº 17**   O *show* de oratória pretende ajudar o participante a:

- Superar a consciência ingênua e desenvolver a consciência crítica.
- Ampliar a visão a respeito das pessoas e do mundo.
- Ter maior conhecimento de si mesmo.

- Conservar o autorrespeito e colocar-se diante dos outros sem máscara, sem orgulho, eliminando justificativas, enfrentando a verdade corajosamente, com todas as consequências.

✔ Dica nº 18   Já nascemos tímidos?

Há divergências de opiniões.

Porque fomos machucados, é uma opinião.

E a timidez se tornou um mal universal. Mas com as técnicas, o esforço próprio e a inspiração divina, saberemos como superá-la.

Através dos exercícios, das dinâmicas e dramatizações, o medo e a timidez desaparecem e nos colocam em posição de alerta contra qualquer tipo de impedimento que tente frustrar nossa comunhão com as pessoas.

Uma importante ferramenta para o orador é a habilidade de ouvir, de se colocar no lugar dos outros. Olhar o outro com a mesma pureza que desejamos que nos olhem, sem nenhuma intenção, nem primeiras, nem segundas intenções. Isso é desonesto, é cruel. Transforma os outros num objeto.

✔ Dica nº 19   Postura e ideias:

Postura correta: cuide para não andar com os ombros caídos. Distribua o peso do corpo sobre as duas pernas.

Ideias organizadas: todo e qualquer discurso tem um início, um meio e um fim. Evite fugir do ponto central do tema. Antes de falar, organize suas ideias. Subdivida o tema em três partes para facilitar o entendimento e tornar mais didática a sua fala.

✔ Dica nº 20   Fuja do medo

"Deus não te deu um espírito de medo, de timidez, mas de fortaleza, de amor e de Sabedoria" (2Tm 1.7). Ouça com atenção: dê ao outro a oportunidade de falar. Saber ouvir é uma arte e um ato de amor. O ato de ouvir requer desprendimento e concentração.

✔ Dica nº 21   Fale com clareza

Evite engolir "s" e "r" nos finais das palavras, como "louvamo" e sim "louvamos", "voltá" e sim "voltar"; "i" intermediário, como "janero", "feverero", e sim "janeiro" e "fevereiro"; letra do início da palavra, como "ocê" no lugar de "você". Sugere-se utilizar um gravador para corrigir essas falhas e se conhecer melhor. Você constata que falou com clareza se foi bem compreendido.

✔ Dica nº 22   O orador e os seus gestos

Os gestos devem ser moderados. Tome cuidado para não se movimentar desordenadamente.

✔ Dica nº 23   A importância da palavra

Há pessoas que não *articulam* direito as palavras, falam quase que com os lábios fechados. Não movem os lábios, nem movimentam o queixo. E para falar com clareza, é necessário movimentar bem os lábios, a boca e o queixo. Sugere-se que a pessoa que tem dificuldade de pronunciar bem cada palavra faça o seguinte exercício: coloque um lápis entre os dentes e procure ler um pequeno texto, movimentando bem a língua, articulando cada palavra, movimentando o queixo, isso por algum tempo, de 5 a 10 minutos. Quando você termina, percebe que todo aparelho fonador está relaxado, e sente uma certa leveza ao falar. Outro exercício que movimenta não só os lábios, mas também o queixo, é o das vogais. Por exemplo: A - E - I - O - U. Depois: AM - EM - IM - OM - UM.

✔ **Dica nº 24** Preparar uma apresentação sem objetivos bem definidos não leva a lugar nenhum

É como construir um edifício sem um projeto. Quando você está cogitando sobre os objetivos, deve definir "o que" e "por quê".

✔ **Dica nº 25**

O homem não se comunica somente pelas palavras, e pela escrita, mas pela mímica, pelo silêncio, pela lágrima, pelo sorriso, pelo gesto, pelo perfume que usa, pela roupa que veste, pelo suspiro, pelo bocejo, pela maneira de sentar, pela movimentação dos dedos, erguendo ou baixando os ombros, cruzando as pernas, levantando os braços, movimentando a cabeça, comunica-se com os olhos...

Muitas pessoas se preocupam em falar bem, de forma articulada, com um timbre, mas esquecem de falar sobre o bem...

Senhor Microfone, medo de ti, não mesmo! Tu nunca funcionarias sem o nosso auxílio. Nós temos sangue nas veias. Tu és frio, gelado, inerte. Nós temos vida! Tu deves reconhecer que dependes de nós. Jamais deverá se comportar como um obstáculo aos nossos discursos. Submete-te!

✔ **Dica nº 26** A voz

A primeira coisa com que devemos nos preocupar é a voz. A emissão correta e a articulação são fundamentais para o bom desempenho do orador. *A voz é a ligação entre suas ideias e os ouvintes.* Sabemos que o aperfeiçoamento vocal é um trabalho árduo, que exige tempo para mostrar seus resultados.

✔ **Dica nº 27** Respiração

Sem respirar bem, não é possível falar bem. Portanto, ao falar, faça as pausas que forem necessárias para manter sempre uma boa reserva de ar em seus pulmões. A medida de ar correta é a que fizer você se sentir confortável, a que permita você lançar sua fala com um bom volume e articular corretamente as palavras.

✔ **Dica nº 28** Algumas dicas para desenvolver uma respiração correta

- Fique de pé, distribuindo bem o peso do corpo sobre as duas pernas e com a postura naturalmente relaxada.
- *Coloque as duas mãos sobre a cintura* e inspire lentamente. A inspiração deve ser feita sempre pelo nariz, cuidando de manter as narinas bem abertas.
- Ao inspirar, você vai sentir o abdômen se expandindo e as costelas se abrindo lateralmente. Quando estiver com uma boa reserva de ar, expire, soltando o ar levemente pela boca, mantendo os lábios ligeiramente fechados para fazer uma pequena resistência à saída do ar e, pressionando o abdômen a partir de um ponto um pouco abaixo do umbigo; repita este procedimento várias vezes.
- Para sentir melhor o papel da musculatura abdominal na emissão da fala, solte o ar em pequenos jatos, golpeando o músculo do abdômen.

✔ **Dica nº 29** Melhore sua articulação

Para melhorar sua articulação, adquira o hábito de ler textos em voz alta, procurando pronunciar corretamente cada palavra.

✔ **Dica nº 30**   Relaxe o aparelho fonador

Outro bom exercício é colocar um objeto entre os dentes e procurar pronunciar as palavras. Ao remover o obstáculo, seus músculos faciais, língua, alvéolos e maxilar estarão mais preparados para articular melhor às palavras.

Um cuidado que você deve ter é com o volume de sua emissão. Você não pode deixar de ser ouvido. Ao mesmo tempo, não pode irritar a audiência falando num volume acima do compatível com o ambiente.

Se tiver oportunidade, analise a acústica do ambiente, o tamanho da sala e a distância que você vai ficar do último ouvinte, que será justamente aquele para quem você deve falar. Sua voz deve ser ouvida com conforto em toda extensão da sala.

✔ **Dica nº 31**   A fala

"A rapidez excessiva pode gerar um tipo de monotonia. Falar pausadamente também não é garantia de que a mensagem será mais bem aprendida. O equilíbrio de tom, velocidade e volume é que dará organicidade à sua fala, estabelecendo uma melhor comunicação com a plateia" (J. L. Fiorin e F. P. Savioli).

✔ **Dica nº 32**   Fale com energia

A energia de um bom comunicador é percebida como força vital, vitalidade, entusiasmo. Isto é fundamental. Se você não tem energia, não terá plateia.

✔ **Dica nº 33**   Impacto

Quando você começar a se movimentar e a falar, faça isso intencionalmente e, assim, conseguirá um melhor impacto. A ideia é que tudo que se fizer em frente à audiência seja feito com presença e intencionalmente.

✔ Dica nº 34   Regras para uma boa entrevista

Pontualidade. A pontualidade embeleza o rosto. Revela responsabilidade e disciplina. Caso haja algum problema e você não possa comparecer na data marcada pela empresa, comunique com antecedência.

Homens. Com relação ao vestuário, recomenda-se para os homens que se vistam com simplicidade e discrição. Evitem roupas com cores fortes, berrantes. Evitem joias, não se apresentem de boné ou chapéu, seria desagradável e antiético.

Mulheres. Não usem ou bijuterias em excesso, decotes abertos, nem saias curtas ou justas, não exagerem também na maquiagem. Perfume, bem discreto.

✔ Dica nº 35   Não faça julgamentos

Não faça julgamentos nem críticas sobre as empresas que você trabalhou anteriormente, isso é falta de ética, de educação e bom senso.

✔ Dica nº 36   Para falar bem é necessário criatividade

A criatividade é a faculdade do amor: quem ama se reserva o direito de fazer sempre o melhor.
- Use e abuse da criatividade. Ela é de graça!
- *Brainstorming:* Tempestade de ideias. Habilidades, possibilidades e dificuldades.
- Use a sua criatividade para escrever um cartão saudando um amigo em uma data especial, sem repetir as frases já conhecidas e gastas. Exemplos: Feliz aniversário, Feliz Natal e Próspero Ano-Novo.

✔ **Dica nº 37**   Há pessoas que se comunicam bem, mas não constroem nada

"O animador de televisão que faz rir, conta piada, distribui prêmios, provoca a reação do público e segura por anos e anos um programa, sem dúvida é um comunicador competente para o ofício de segurar a audiência. Daí a dizer que é um ser humano responsável e bom vai enorme distância. Ele pode passar quinze ou vinte anos alienando pessoas, desinformando, distraindo, com pão e circo, enquanto fora de seu auditório se massacra o cidadão comum. Quem não educa o povo para que assuma seu destino não é bom comunicador" (Pe. Zezinho, *Discurso*).

✔ **Dica nº 38**   Quem fala para milhões de pessoas tem que ser um educador

"Não pode ter a veleidade de se proclamar neutro. E não pode também ser escravo nem de uma filosofia, nem de uma ideologia, nem de um grupo de poder, nem de uma família, nem de um partido. Tem sim que se comprometer com os mais sofridos e oprimidos, sem demagogias. E tem que fazer isso porque fala a milhões. E os milhões de pessoas a quem fala, na sua maioria são pessoas sofridas que precisam de cultura, informação, verdade, esperança e propostas que as tornem mais humanas" (Pe. Zezinho).

✔ **Dica nº 39**   Espinhos que ferem um grupo

Há os grupos convencionais, sociais, oficiais ou naturais que, por falta de ordem, organização e disciplina não funcionam bem.

Precisamos de muita coragem para arrancar os espinhos que dilaceram a unidade grupal. Na família, no trabalho, na igreja, no clube, na escola etc.

São três os espinhos: Dominação, Competição, Submissão infantil e imatura.

Se estivermos cheios de nós mesmos, de interesses pessoais, nossos interesses se chocarão com os interesses dos outros e a fraternidade dentro de um grupo cairá aos pedaços.

✔ **Dica nº 40**   Discurso de improviso

Sugestões:
- Fale algo que esteja no fundo do seu coração.
- Fale do que está acontecendo no momento.
- Descreva um acontecimento de sua infância.
- Fale da admiração que você tem pelas pessoas.
- Fale da injustiça com relação aos meninos de rua.
- Comente sobre o seu maior afeto na vida.
- Fale do seu cachorro de estimação.
- Escolha ainda qualquer tema de sua preferência.

Decore para toda a vida este pequeno esquema:

1. Cumprimente o público.
2. Identifique-se.
3. Fale qual o seu objetivo de estar falando no momento.
4. Divida o tema em 3 tópicos.
5. Conclusão: simples e rápida.
6. Despeça-se e agradeça por terem lhe ouvido.

Boa sorte!

✔ **Dica nº 41**   Pergunte ao público:

"Vocês gostariam de saber algo sobre etiqueta? Então vou dar umas dicas".

Atitudes que vão de encontro às normas de boas maneiras:
- Chegar em um ambiente e não cumprimentar as pessoas.
- Ler uma revista enquanto um palestrante está falando.
- Dar gargalhadas ruidosas.
- Falar mal de alguém, fazer fofoca.
- Sussurrar ou ficar rindo dentro de um templo religioso.
- Cortar as unhas na frente de estranhos.
- Chegar atrasado a um almoço ou jantar ao qual foi convidado.

✔ Dica nº 42   Não usar palavras ou frases que nada significam

Sugiro que se evite definitivamente usar palavras ou frases vazias que não significam nada, como: "quem sabe", "pode ser", "mais ou menos", "talvez", "bastante tempo", "muito pouco", "acho que é", "quase", "parece que sim", "muito perto", "muito longe" etc.

✔ Dica nº 43   Tipos de discurso

- Escrito e lido.
- Decorado.
- Esquematizado.
- Improvisado.

✔ Dica nº 44   O controle das emoções

Quanto mais tentamos controlar nossas tensões, medos e inseguranças, mais desconforto acabamos sentindo. O remédio é ser autêntico, mostrar como realmente se é: se tiver de tremer, trema; se tiver de suar paciência, se precisar tossir... Faça-o. Mas fale.

✔ Dica nº 45   O rosto também fala

Quando ficamos admirados, por exemplo, abrimos a boca ou erguemos as sobrancelhas...

✔ **Dica nº 46**   Diferença entre "persuasão" e "convencimento"

Persuasão: É engano, manipulação, é levar o outro a aceitar o que você diz mesmo não sendo verdade. Platão, nas duas obras que editou, atacou a persuasão por ser de cunho imoral, manipulador, por não cuidar da verdade. Os sofistas diziam que, com a persuasão, podemos levar os homens para onde quisermos.

Convencimento: A arma honesta, sensata e poderosa do orador deve ser sempre a verdade, sem nenhuma mescla de engano. O convencimento daquilo que é real, verdadeiro, ético é a expressão das mais profundas convicções. Jesus, Verdade e Vida, nunca usou de persuasão.

✔ **Dica nº 47**   O olhar

Através do olhar, revelamos os nossos mais profundos sentimentos. Um olhar de simplicidade, humildade, um olhar amoroso exerce uma força imensa sobre o público, que empaticamente retribui mesmo sem ter consciência disso.

✔ **Dica nº 48**   Seja você mesmo

O orador precisa ter consciência de si mesmo. Uma visão global das realidades da vida. Ser uma pessoa dinâmica, crescer constantemente. Ter certo grau de autoestima. Ser consciente: parar, refletir, olhar para dentro, olhar em volta, colocar-se diante de si mesmo e dos outros sem máscaras, eliminando justificativas.

Um trabalho para todos os dias.

✔ **Dica nº 49**   Seja simpático, agradável, cativante e crie empatia com a audiência

Quando você cria empatia com a audiência, quando fala com honestidade e coração sincero, ela estará num estado no qual aceita as suas sugestões. A empatia deixa as pessoas mais receptivas e menos críticas a você e ao que você diz.

✔ Dica nº 50   Você é a mensagem

Se você quer se tornar um comunicador melhor, é bom lembrar-se de que você é a mensagem. O composto pessoal que engloba sua expressão facial, as palavras que você fala, sua voz, a maneira como se movimenta e sua atitude constroem a mensagem que você emite para os outros. Isso tudo junto forma um composto que é você. Você se torna a mensagem. As pessoas não podem distinguir entre as palavras e quem as pronuncia, tudo está mesclado. Portanto, você é a mensagem.

✔ Dica nº 51   Pausa

A pausa isoladamente é o mais importante componente da comunicação. Quando você faz uma pausa na fala e no movimento, parece mais inteligente. Isso mantém ou aumenta a atenção dos ouvintes. Ao fazer pausas, a percepção é de que você é confiante e competente.

✔ Dica nº 52   Oração

Permita-me ter a calma através do meu silêncio, quando não é oportuno falar aquelas coisas insensatas que vêm à cabeça. Permita que eu use sempre o silêncio para amortecer o impacto de qualquer agressividade lançada contra mim. Conto contigo, Senhor. Amém.

✔ Dica nº 53   Organizar nossos pensamentos

Quando não organizamos os nossos pensamentos, as nossas ideias, o resultado é uma comunicação confusa. Transmitimos recados errados, causamos confusões de toda natureza. A organização não é só indispensável para falar, transmitir recados, mas também para escrever um texto. É indispensável organizar nossos pensamentos em todas as circunstâncias de nossa vida pessoal e profissional.

✔ Dica nº 54   O correto é refletir sobre:

- Para quem falar?
- Quando falar?
- O que falar?
- Como falar?
- Qual o objetivo da fala?
- Quais os resultados que se espera alcançar?

✔ Dica nº 55

Apaixone-se pela mensagem e enriqueça-a através de estudo, conversas, leituras e histórias. Sempre prepare o discurso com carinho a fim de despertar uma ação.

✔ Dica nº 56   Ouvir de forma confortável

Quem ouve sentado, bem acomodado, tem mais disposição para prestar atenção. Um público mal-acomodado fica irrequieto. Daí se conclui que todo aquele povo que vai para a igreja aos domingos tenha lugar para sentar. Pelas mesmas razões acima, os genuflexórios merecem muito cuidado. Devem facilitar o ajoelhar-se para que o público se sinta bem, principalmente as pessoas idosas, e sinta ainda através desses pequenos detalhes que o amor de Deus está aí refletido. É evidente que a falta de acomodação não é desculpa para deixar de frequentar a igreja e participar do culto a Deus – O amor por Deus, quando sincero e forte, supera qualquer dificuldade.

✔ **Dica nº 57**   O poder da comunicação do altar

É bom que, de vez em quando, o pregador da palavra sagrada assista missas, ou cultos de outros pregadores, e constate as suas próprias falhas. E assim terá mais facilidade de corrigir-se e sentir o poder da comunicação do altar, invertendo os papéis para entender o seu povo, povo escolhido por Deus para ser alimentado pela doçura do Mestre, através dos lábios humanos.

✔ **Dica nº 58**   Se engolir sílabas engordasse...

Um erro bastante comum em cerimonias religiosas é o locutor emendar o final das palavras com as palavras seguintes: "Sãopaulapostolo evangelizouomundinteirantigo". Outros engolem as sílabas ou vogais: "vossigreja santspastores"... Se engolir sílabas engordasse, certos locutores estariam estourando de tanto peso.[3]

✔ **Dica nº 59**   Tonalidade da voz

Module a fala não usando um tom "monocórdio", isto é, varie as inflexões de voz.

✔ **Dica nº 60**   Ter confiança em si. Deus habita dentro de você, converse com Ele.

Precisamos nos defrontar com nossa própria pessoa de forma serena, olhando-nos de forma saudável, cabeça erguida, com confiança, alegria, porque temos algo de bom a transmitir aos outros: o melhor de nós mesmos.

---

[3] Textos das dicas 79, 80 e 81: adaptados de *O altar e seu poder de comunicação* (Frei Paulo Avelino de Assis).

✔ **Dica nº 61**   Conheça sua plateia e suas características

INFANTIL: linguagem simples, muita motivação, dinâmica e dramatização.
JOVENS: linguagem descontraída, fatos curiosos, pitorescos.
ADULTOS: comunicação mais sofisticada, exemplos práticos.
IDOSOS: gostam de ouvir experiências do passado, apreciam simplicidade e verdade.
EXECUTIVOS: mais exigentes, mais sérios, mais críticos.
MULHERES: observadoras, gostam de palavras agradáveis e gentis.

✔ **Dica nº 62**   Enfrentar a plateia

Diante de um público (grande ou pequeno) você sente medo ou nervosismo? Taquicardia? Suor frio e vontade de sair correndo para longe? Você não está sozinho, uma multidão de pessoas sofre as mesmas reações. A boa notícia é que este mal tem cura.

Você pode se tornar um(a) excelente comunicador(a) aprendendo a usar o microfone, compor seu discurso, ler corretamente e muito mais.

✔ **Dica nº 63**   Organizar as ideias

Deixe uma impressão bem definida na mente dos ouvintes, de forma que eles possam transmitir a outros também de forma organizada e clara. Reflita organização e lógica. Evite falar de um tema e pular para outros, gerando confusão na mente de quem ouve.

✔ **Dica nº 64**   Ouvir e escutar

Nossos ouvidos são interesseiros, egoístas, em geral prestamos atenção naquilo que nos interessa. "O pior surdo é aquele que não quer ouvir", diz o ditado popular. Algumas práticas sugeridas por Ricardo Polito: procure entender o que o outro fala e refreie a crítica antes de interpretar, ou antes que ele tenha concluído. Com a continuação do exercício, você vai ver que valeu a pena e diminuiu os conflitos; há diferença entre ouvir e escutar: ouvir é uma atividade biológica e escutar é após ter ouvido com atenção, interpretar e avaliar. Há maneiras de ouvir e calar, sem fechar o coração.

✔ **Dica nº 65**   Elementos da comunicação:

- Postura correta.
- Organização de ideias.
- Olhar concentrado.
- Falar com clareza.
- Ouvir com atenção.
- Gestos adequados.

✔ **Dica nº 66**   Evite:

- Esfregar frequentemente o nariz.
- Limpar diligentemente os óculos com o lenço.
- Tossir várias vezes para clarear a voz.
- Coçar a cabeça.
- Brincar com as chaves ou qualquer objeto.
- Consultar várias vezes o relógio.
- Apontar o dedo para o ouvinte.
- Apalpar várias vezes a gravata ou o cabelo.
- Cruzar os braços.

✔ **Dica nº 67**   Tipos de oradores:

- Natos.
- Por força das circunstâncias.

- Por força das técnicas.
- Arengadores (nada acrescentam): usam de parolagem, palavrório, discussão, misturam alhos com bugalhos, manipulam mentes, usam de malícia.

✔ Dica nº 68   Caráter do orador

- É autor da própria história (não aderir ao adágio Maria-vai-com-as-outras).
- Aprende a liderar o "eu".
- Coloca-se no lugar dos ouvintes.
- Faz "empatia" (*rapport*).
- Repudia qualquer tipo de preconceito.
- Repudia a passividade.
- É instrumento de unidade.
- Age consciente e responsavelmente.
- Pensa antes de falar, reflete antes de agir.
- Não para de aprender.

✔ Dica nº 69   Falar com clareza

A nossa fala revela nosso estado de saúde física, psíquica e emocional. O exercício de relaxamento, o repouso físico e psíquico, e principalmente a respiração adequada são indispensáveis para colaborar com o aparelho fonador.

✔ Dica nº 70   Hábitos de higiene vocal

Não grite nem discurse ao ar livre, evite o fumo, álcool, bebidas muito geladas, não force a voz. Inspire fundo para falar alto e forte para que toda plateia possa escutar. Evite a voz monótona, em velocidade ou lentidão excessivas.

✔ **Dica nº 71** O bom comunicador:
- Necessita de humor e sensibilidade.
- Precisa estar consciente dos elementos da comunicação.
- Forma e avalia seu caráter.
- Supera os limites autoimpostos.
- Faz discursos pautados na verdade, em prol do bem comum.
- Fala bem sobre o bem.

✔ **Dica nº 72** Discurso – Procedimentos

Discurso é uma peça gramatical, criteriosamente elaborada, sobre determinado assunto, com um objetivo definido.
- Cumprimento: "Bom dia", "boa tarde", "boa noite".
- Identificação "Para quem não me conhece, sou..."
- Tema (explicitar bem o objetivo do tema): "O tema que quero apresentar é... e tem como objetivo..."
- Desenvolvimentos: "Vou dividir o tema em três tópicos, para torná-lo mais didático".
- Argumentação: "As pessoas contra afirmam..."; "as pessoas a favor dizem..."
- Conclusão: "Pelos argumentos apresentados, podemos concluir que..."
- Despedida: "E deixo aqui meu abraço afetuoso a todos vocês".

✔ **Dica nº 73** Regras para uma boa leitura:
- Segure o papel de forma que o dedo polegar indique a sequência de cada linha.
- Coloque o papel na direção do peito.
- Segure o papel à distância aproximada de 30 cm dos olhos.
- Leia com clareza.

- Mantenha a correta posição do corpo.
- Separe antecipadamente a próxima folha a ser lida.
- Procure ler como quem interpreta.
- Leia suficientemente alto para que todos ouçam.
- Apresente-se bem arrumado, com roupa passada e calçados limpos.
- Respire fundo, evite repetir palavras, e se gaguejar não se perturbe, continue a leitura até o final.

✔ Dica nº 74   Oportunidades

Busque oportunidades de falar em público e enfrentar seus medos: ofereça-se para ler textos em voz alta ou apresentar ideias para um pequeno grupo de pessoas, ou até para ler uma passagem em sua comunidade de fé.

✔ Dica nº 75   Cacoetes

Preste atenção a seus cacoetes de linguagem e tiques para trabalhar eliminando-os (né, viu, tá, hum, ham, entendeu, aí, daí, etc.).

✔ Dica nº 76   Segredos para dominar a tensão

- Não solenize, fale em sua própria língua.
- Comece sempre devagar, não se esqueça das pausas.
- Comece elogiando o auditório, a cidade, o local, a situação.
- Transfira a atenção do público para um objeto.
- Conheça as regras, porém deixe fluir a sua autenticidade (às vezes, a melhor regra é não ter regras).
- Comece falando do seu medo: isso alivia a pressão interna e dá tempo para o recondicionamento necessário.
- Não desafie o desastre, jamais use falas decoradas.

- Use senso de humor moderado, mas não se esconda atrás do riso, pois isso demonstra insegurança (cf. Reinaldo Polito).

✔ **Dica nº 77**   A voz

Sabe qual é a melhor voz para você? É aquela que Deus lhe deu. Acredite nisso e vá em frente. Você não pode mudar seu timbre, mas pode melhorar sua dicção, entonação, modulação e intensidade.

✔ **Dica nº 78**   Esqueceu?

Se estiver falando a um grupo de pessoas e der o famoso "branco", não se desespere e não se deixe dominar por isso, para poder encontrar uma saída. Se tentou lembrar uma vez da informação e não conseguiu, *não insista!* Tenha calma, e tente repetir a última frase que pronunciou como se estivesse querendo dar ênfase, e se ainda assim a informação não vier, use o clássico remédio e diga: "Na verdade, o que eu quero dizer é..." Com essa expressão, você se obrigará a explicar por um outro ângulo e o pensamento se reorganizará para seguir a sequência planejada (cf. Reinaldo Polito).

Sugiro que você fale: "Esqueci, volto depois, e passe para outro tópico". Fale a sua verdade e se sinta em paz.

✔ **Dica nº 79**   Não se leve muito a sério. Relaxe

Seja simples, evite exigir muito de si mesmo. Dizem que a neurose nos ronda e a culpa nos persegue quando exigimos de nós além dos limites. Seja seu melhor amigo.

✔ **Dica nº 80**   Pausa e posição dos lábios

"Pausa", segundo o dicionário, significa interrupção, intervalo, suspensão, demorar um pouco... Você será vista como uma pessoa com mais domínio quando seus lábios estiverem fechados, durante uma pausa.

✔ Dica nº 81   Nos primeiros 30 segundos

Max Gehringer diz que, nos primeiros 30 segundos, a plateia decide se gosta ou não do apresentador. Se gostar, ele pode tossir, espirrar, gaguejar e, ainda assim será apreciado e aplaudido. Se a plateia não gostar, cada minuto parecerá uma eternidade. Será mais ou menos como trocar o pneu do carro, com o carro em movimento.

✔ Dica nº 82   Congruência

É a habilidade de falar com harmonia, gestos adequados, fala, postura corporal. Congruência é estar em torno do próprio eixo. É coerência. É estar presente no aqui e no agora. Exige exercício contínuo, contato ocular, sem piscar; pequenas frases, respiração abdominal durante as pausas; corpo imóvel, especialmente a cabeça.

✔ Dica nº 83   Ao lidar com um grupo descontente ou agressivo

Tenha a habilidade para cuidar de si mesmo e do estado mental em que se encontra.

Mantenha a cabeça fria, a fim de administrar a situação sem se perturbar. Se estiver se sentindo desprezado, não revide nem em pensamento; ao contrário, abençoe, vença o mal com o bem. A solução é pedir a Deus que o inspire qual a atitude mais prudente, mais sábia que deve tomar. Se não tiver nenhuma crença, fale algo amável e se despeça, sem se sentir humilhado.

✔ **Dica nº 84**   Aprenda a rir dos próprios tombos

Zombar dos seus deslizes e se divertir com as gafes e características físicas são um bom caminho para que você seja um comunicador mais descontraído e cativante!

> Todo orador pode se espelhar na fé e na humildade de Bob Kennedy:
>
> Meu Deus, eu me entrego nas Tuas mãos. Modela e remodela este barro como argila nas mãos do Oleiro. Dá-lhe uma forma e, depois, se Te aprouver, desfá-la, como foi desfeita a vida do meu irmão John.
> Pede, ordena. Que queres que eu faça? Que queres que eu faça?
> Exaltado ou humilhado, perseguido, incompreendido, caluniado, alegre ou triste, inútil para tudo, só direi, a exemplo da Tua Mãe: "Faça-se em mim segundo a Tua palavra". Dá-me o Amor por excelência, o Amor da Cruz. Não das cruzes heroicas, que poderiam aumentar a minha vaidade, mas das cruzes vulgares, que, no entanto, se encontram todos os dias na contradição, no esquecimento, no fracasso, nos falsos juízos, na frieza, nos desaires e nos desprezos dos outros, no mal-estar e defeitos do corpo, na obscuridade da morte e no silêncio e aridez do coração.
> Então e só então, Tu saberás que Te Amo, e, mesmo que o não saiba, isso me basta.
>
> Amém.
>
> *(A oração de Robert Kennedy, um dia antes de ser assassinado)*

Parte III

DISCURSOS INÉDITOS

01. Brian Dyson (Argentina, 7 de setembro de 1935). Ex-presidente da Coca-Cola.

O menor discurso proferido até hoje — discurso de despedida (2 minutos, o que é considerado fenomenal pela mídia).

Imagina a tua vida como um jogo em que tu estás a fazer malabarismos com 5 bolas no ar. As bolas são:
1. Trabalho.
2. Família.
3. Saúde.
4. Amigos.
5. Vida espiritual.

Terás de mantê-las todas no ar.
Rapidamente, vais perceber que o Trabalho é como uma bola de borracha: se a soltares, ela rebate e volta.
Por outro lado, as outras quatro bolas: Família, Saúde, Amigos e Vida espiritual são frágeis como vidros. Se tu soltares qualquer uma delas, ela ficará irremediavelmente lascada, marcada, com arranhões ou mesmo partida, o mesmo que dizer que nunca mais será a mesma. Deves entender, com isto, que tens que te esforçar para conseguires cuidar do mais valioso. Trabalha eficientemente no horário regular e deixa o trabalho no seu lugar, não o leves para casa. Gasta o tempo necessário com a tua família e os teus amigos. Faz exercício regularmente, come e descansa adequadamente, e sobretudo fortalece a tua vida interior, espiritual, que é o mais transcendental, porque é eterna.

Shakespeare dizia: "Sinto-me sempre feliz, sabes por quê? Porque não espero nada de ninguém. Esperar dói sempre".

Os problemas não são eternos e sempre têm solução. O único que não se resolve é a morte. A vida é curta, por isso, ama-a!

Vive intensamente e lembra-te: Antes de falar... Escuta! Antes de escrever... Pensa! Antes de criticar... Examina! Antes de ferir... Sente! Antes de orar... Perdoa! Antes de gastar... Ganha! Antes de desistir... Tenta de novo! Antes de *morrer... Vive!*

Exercite, lendo o discurso rapidamente, ajuda muito. Você se desembaraça facilmente.

02. Hillary Clinton – Trechos extraídos do livro: Hillary Clinton por ela mesma.

Suponhamos que você queira elaborar um discurso sobre "o amor incondicional". Pode se espelhar em Hillary Clinton.

Todos nós, a humanidade inteira, fomos os silenciosos expectadores do drama de Clinton e sua paixão por uma jovem, no período que era presidente dos Estados Unidos... Momentos tristes, difíceis, estressantes, delicados, humilhantes. Qualquer mulher nas mesmas circunstancias que Hillary teria sumido da face da Terra. Mas ela se manteve em pé, ferida nas cordas mais sensíveis de seu coração, assistiu de camarote a sociedade americana inteira olhando-a como a mulher abandonada, traída e infeliz. Contudo, essa mulher de ferro, de cabeça levantada amava, e continua amando com nobreza de espírito e singeleza de coração, com maturidade e divina compreensão. O amor verdadeiro é eterno. Jamais vê o mal no outro. Isso é cristianismo.

Durante 19 anos, ela testemunhou com a mesma serenidade o seu amor pelo marido.

Vejamos:

"O que ele realmente fez por mim foi compartilhar seu coração, que é enorme. Ele é uma pessoa incrivelmente amorosa, compassiva e carinhosa. E fez de mim uma pessoa melhor. Ele tem uma quantidade extraordinária de paciência e amor por todos os tipos de pessoas, e é quase infalível. Tenho observado isso desde que o conheci e fico maravilhada. Tem sido um padrão pelo qual tenho julgado minha própria capacidade de cuidar e crescer" (*Midwest today*, junho de 1994).

"Até hoje, [Bill] consegue me surpreender com as conexões que faz entre ideias e palavras e como faz tudo soar como música. Ainda amo sua forma de pensar e sua aparência" (*Living history*, 2003).

"Ele também é genuinamente otimista e entusiasmado com a vida. Ele se preocupa com todos todos os dias quer preenchê-los com mais do que o dia pode comportar. É enlouquecedor tentar acompanhá-lo em qualquer tipo de programação, porque ele quer ouvir a todos. Não é que ele não queira seguir para o próximo evento; é que não quer sair de onde está até que tenha tido a chance de ver a todos" (*Midwest today*, junho de 1994).

"Sou muito grata a ele por uma vida inteira de todos os tipos de experiências" (cerimônia oficial de posse como secretária de estado, 02 de fevereiro de 2009).

"Tenho muita sorte, porque meu marido é meu melhor amigo, e ele e eu estamos juntos há muito tempo, mais do que a maioria de vocês está vivo. Ficamos profundamente envolvidos em todo o trabalho que fazemos. E falamos sobre isso constantemente" (*The secretary,* 2013).

03. Henrique Ketzer – A menor e melhor palestra motivacional do ano de 2015.

Você tem o poder!

Olá, eu gostaria que você assistisse um trecho desse filme. Essa comédia, *O todo-poderoso,* mostra como seria se Deus desse a um ser humano comum seus poderes divinos.

As pessoas querem que eu faça tudo por elas, mas não se dão conta de que elas têm o poder. Você quer um milagre filho? Seja o milagre. (Filme).

As pessoas não percebem que elas têm o poder... ou seja, você já nasce com ele, basta saber usar. Nascemos com livre-arbítrio, que é o poder de escolher, decidir o que é melhor para nós. E esta escolha tem a ver com o tempo. Eu sei... Eu sei, parece um clichê, não é? Mas dizem que a mais lamentável de todas as perdas é a perda de tempo, e eu concordo com isso.

A vida é tão curta, tão curta não é mesmo? E o tempo passa tão rápido.

Mário Quintana falou mais ou menos o seguinte: "Quando se vê já são seis horas, já é sexta-feira, quando se vê já é Natal, já terminou o ano. Quando se vê nossos filhos cresceram, quando se vê já se passaram trinta, quarenta, cinquenta anos. E aí? Aí fica tarde. O sol se põe, nas costas ficaram dia, mês e anos, os filhos, a vida, qual legado deixado? Não deu tempo..."

Pode ser outro clichê, mas gosto muito da frase: "Quem mata o tempo não é assassino, mas sim um suicida: mata a si mesmo e ao sonho de muitos que estão a seu lado, e de muitos que virão".

A maturidade nos ensina algumas coisas: a primeira delas é construir toda a sua vida no hoje porque o futuro vencedor dependerá daquela sua decisão. Muitos dos que estão aqui têm a liberdade de usar seu tempo de forma que lhes convém, por isso são autodisciplinados, e assim sendo, procuram fazer escolhas certas dentro dos limites, dentro das regras. Não é mesmo? Porque gerenciar a vida é uma questão de escolha. Não se pode, por exemplo, perder tempo escolhendo reclamar e amaldiçoar sua sorte, ao invés de encarar o sol da manhã no rosto e ver as oportunidades que aparecem.

Os que assim fazem têm sorte na vida, são reconhecidos pelo aproveitamento do tempo. São os que deixam marcas, legados. Esses homens e mulheres autônomos escolhem o sol que vemos pela frente para vencer, porque o sol da tarde queima.

Autonomia é sinônimo de autoconsciência, de autodeterminação, não somente do próprio crescimento, mas do crescimento da sua companhia, da sua consciência, da sua família.

Preparem-se, encham-se de sabedoria, faça um pacto com o tempo e o usem a seu favor: vocês só estão aqui hoje porque merecem, então, vão em frente, sorriso no rosto e firmeza nas decisões, deixem sua marca.

Você quer um milagre? Seja um milagre!

O discurso tem 4 minutos. Falou-se sobre: Deus, milagre, poder, tempo, maturidade, autonomia, livre-arbítrio, disciplina, como gerenciar a vida, sabedoria e firmeza nas decisões.

04. Augusto Cury (Colina, 2 de outubro de 1958). Orador, cientista, escritor, mundialmente conhecido.

Gerenciar as emoções – Trechos da palestra proferida por Augusto Cury na Comunidade Canção Nova, São Paulo.

Gerenciar a emoção é protegê-la de estímulos estressantes. Ninguém pode ferir você na sua emoção, destruir a sua tranquilidade, seu prazer, se sua tranquilidade não permitir. Alguém pode te lesar fisicamente, te machucar se você o permitir. Segundos depois, o eu tem que entrar em cena e administrar a emoção. Confrontar, repensar, reciclar o medo, a angústia a ansiedade produzida pelos estímulos de fora. Se não formos treinados para isso, seremos vítimas das mazelas e misérias exteriores. Alguém pode cometer as maiores injustiças.

Jesus teve todos os motivos para ter depressão e ansiedade: nasceu numa família pobre, com 2 anos de idade já era perseguido de morte, quando adolescente teve que trabalhar pesado, com as mesmas ferramentas que um dia iriam destruí-lo – martelo, cravos e madeira. Era de se esperar que, quando ele abrisse a boca ao mundo, ele fosse uma pessoa ansiosa, não administrasse sua emoção, que não tivesse proteção, que fosse impulsivo, até tímido, mas quando abriu sua boca ao mundo com 30 anos de idade, nunca ninguém revelou tanta maturidade como ele, tão altruísta, tão generoso, gentil e tão autor de sua história.

Foi o único que teve coragem de dizer: "Aprendei de mim porque sou manso e humilde de coração". Ele vivia a apologia da mansidão, e quando a escolta de soldados o colocou numa situação de risco de morrer, teve a coragem de se levantar num último dia de uma festa e proclamar: "Eu tenho o segredo da felicidade. Quem beber do que eu falo, da água que emana da minha história, terá saciada sua alma, fluirá dele uma qualidade de vida que transbordará para toda sua inteligência, para toda sua personalidade". Que homem é este, que corria risco de morrer e falava de alegria? Poeticamente, como quando um ateu analisava esses aspectos da personalidade de Cristo, eu fiquei prostrado e me convenci de que ele não cabe no imaginário humano, que não poderia ser fruto da criatividade humana; e se Freud, que foi um judeu ateu, Marx, que foi também, e Nietzsche, que escreveu sobre a morte de Deus, tivessem a oportunidade que eu tive de analisar a sua história do ponto de vista da crítica psicológica e filosófica, eles não estariam no rol dos ateus, mas no rol dos seus seguidores. Poderiam não ter uma religião formal, mas certamente seriam cristãos, sem fronteira. Se dobrariam aos pés desse homem de Nazaré, que atingiu o topo da saúde psíquica, emocional, num ambiente o mais estressante possível.

05. **Barack Obama** (Honolulu, 4 de agosto de 1961).

Sobre o discurso proferido no Teatro Municipal do Rio de Janeiro – *Feedback* por Reinaldo Polito, professor, escritor e orador, um dos mais famosos do Brasil.

Obama deu uma aula completa de oratória do começo ao fim. Sem dúvida, o presidente americano é hoje um dos maiores oradores de todo o mundo. Sabe como ninguém cativar, emocionar e sensibilizar o público com sua capacidade de comunicação.
A começar pelo traje. Num domingo à tarde no Rio de Janeiro, nada mais apropriado que um orador se vista sem gravata, mesmo se tratando do presidente dos Estados Unidos. Ao se apresentar com traje menos formal, Obama deu sinal claro de que estava à vontade e que sua intenção era a de se aproximar dos ouvintes.
Ao chegar à tribuna foi longamente aplaudido. Simpático, sorriu demonstrando que estava feliz com a receptividade. Agradeceu em português. Ora, um

"obrigado" saído da boca de alguém tão importante no contexto mundial se transforma em música para os ouvidos dos brasileiros. Ponto positivo para Obama antes mesmo de iniciar o discurso.

Cumprimentou a plateia com um "oi, Rio de Janeiro". Alguém respondeu "oi". Demonstrando ter entendido a brincadeira, retribuiu com um sorriso. Em seguida, depois de uma pausa bem medida, continuou com "olá, Cidade Maravilhosa". Mais aplausos e gritos de alegria dos ouvintes. Não parou por aí. Sempre com sorriso aberto e amigo, disse "boa tarde a todo povo brasileiro". Mais aplausos e mais sorrisos.

Em um minuto, Obama já havia conquistado a todos. Esse é o primeiro conceito. Aproveitando a acolhida, Obama se valeu do momento para falar de como ele e a família foram bem recepcionados e receberam o calor e a generosidade do espírito brasileiro. Outro obrigado em português. E mais aplausos.

O importante da arte de falar em público: *conquistar* os ouvintes logo nos primeiros momentos da apresentação. Usou para isso um dos recursos mais eficientes da técnica oratória – ser simpático, demonstrar envolvimento e interesse pelo ambiente onde se encontra e elogiar com sinceridade a plateia.

Não contente, agradeceu especialmente às pessoas que compareceram ao Teatro Municipal. Reconheceu o sacrifício que estavam fazendo, a partir de um comentário bem-humorado, citando o jogo que seria realizado à tarde entre Vasco e Botafogo.

Ouviu algumas vaias, provavelmente de torcedores de outros times. Com inteligência, sorriu e chegou a gargalhar, demonstrando assim que tinha consciência de que cutucava os ouvintes. Jogo de cintura e presença de espírito que só os grandes oradores possuem. Mais um tento de Obama.

Mesmo tendo já a plateia nas mãos, continuou com o processo de conquista. Fez referência ao primeiro contato que teve com o Brasil a partir do filme que assistiu com sua mãe quando era muito pequeno, *Orfeu da Conceição*. Falou de como sua mãe se encantou com o filme e com a favela que serviu de cenário para a história.

Fez referência ao Teatro Municipal, dizendo que a estreia havia sido naquele local. Aproveitou dessa forma uma circunstância de lugar, recurso que ajuda a estabelecer identidade entre o orador e os ouvintes.

Obama continuou elogiando o povo e as paisagens brasileiras, sempre de forma pausada, sem pressa, mas com bastante expressividade. Toda vez que o público aplaudia, ele parava de falar.

Não retomava imediatamente para não interromper o momento de emoção, mas também não deixava que os aplausos cessassem totalmente para não desperdiçar aquele instante. Quando o ruído dos aplausos começava a diminuir, voltava a falar, aproveitando da melhor maneira possível a reação do público.

Citou Jorge Ben Jor para dar sequência aos elogios que fazia às belezas brasileiras. Lembrou de D. Pedro. Falou de forma elogiosa da presidente Dilma. Incluiu frases de Paulo Coelho. Sempre com o objetivo de agradar e conquistar não só a quem estava presente, mas também a todos que o assistiam pela televisão ou ouviam pelo rádio. Não foi sem motivo que mencionou paulistas, baianos, mineiros e homens do campo.

Obama alinhavou seu discurso falando das conquistas sociais do Brasil, da Copa do Mundo e dos Jogos olímpicos que serão sediados no nosso país. Brincou mais uma vez com a plateia quando disse que o Brasil não era o seu preferido para os jogos.

O público ficou em silêncio. Após pausa bastante prolongada e sorrindo complementou que, como os Jogos não puderam ser realizados em Chicago, não havia lugar melhor para realizá-los que o Brasil.

Quase no final, elogiou o Brasil como exemplo de um país que mostrou ser possível sair da ditadura e viver numa democracia. Relembrou que, do lado de fora do teatro, na Cinelândia, as pessoas se reuniram para exigir a liberdade e a democracia.

Mencionou explicitamente o papel da presidente Dilma nessa luta e de como foi presa por causa de seus ideais até que conseguisse a vitória.

Encerrou falando sobre os obstáculos que os dois países terão pela frente, mas como tudo poderá ser superado. Foi aí que usou a frase de Paulo Coelho e agradeceu em português. Obama foi aplaudido de pé longamente e agradeceu com acenos, se movimentando de um lado para o outro da tribuna.

Barack Obama leu o discurso com auxílio do *teleprompter*. Ficou tão à vontade diante do aparelho que em nenhum momento deu impressão de estar lendo. Aproveitava as pausas para ler em silêncio as frases seguintes, e só voltava a falar olhando para a plateia. Por sinal, a comunicação visual foi um dos pontos altos da sua apresentação. Nos 24 minutos em que discursou, em nenhum momento deixou de olhar para os ouvintes. Todos tiveram a impressão de que ele olhava em sua direção. Seus gestos foram perfeitos, firmes quando a mensagem era contundente, moderados quando a informação era suave.

A fala foi pausada e o volume da voz, suficientemente alto para demonstrar o sentimento que desejava transmitir. As pausas medidas são o meio que se usa para *seduzir* os ouvintes. Valoriza sempre as informações que acabou de transmitir, cria expectativa sobre o que vai falar e demonstra domínio dos temas que desenvolve. Quem esteve presente no Teatro Municipal do Rio de Janeiro na tarde de domingo teve o privilégio de ver em ação um dos maiores e mais competentes oradores de todos os tempos. Que bom que está usando sua oratória para se aproximar do Brasil.

Os 5 segredos que levaram Barack Obama à presidência – Trecho da introdução do livro *Words that shook the world*, de Richard Greene.

Obama foi escolhido como modelo por vários motivos. Ele é a personificação de um sonho na consciência dos americanos, de que qualquer indivíduo, a despeito de suas origens humildes, pode tornar-se um presidente. E como qualquer ser humano de boa vontade, pode tornar-se um orador eficaz.

✓ Segredo n.º 1
Palavras, tom de voz e linguagem corporal

Para cativar os seus ouvintes através de suas palavras, o comunicador deve ter consciência de que os ouvintes devem ser movidos por algo que ultrapassa uma simples palavra. Portanto, é necessário usar o seu tom de voz e a linguagem corporal para que cada palavra que disser seja munida de poder, sentimento e impacto.

✓ Segredo n.º 2
Mensagens incisivas e convincentes

O orador eficaz transforma toda a suas informações numa mensagem incisiva e convincente, como se fosse um mantra que seus ouvintes acabam memorizando e jamais se esquecem. Em discursos quando se candidatou à presidência, sua mensagem incisiva foi: "Yes, we can" ("Sim, nós podemos"), repetia várias vezes intencionalmente.

✓ Segredo n.º 3
O *continuum* da comunicação eficaz: falar *com* a plateia e não *para* a plateia

Para prender a atenção de seus ouvintes, transforme seu discurso numa conversa pessoal, como se estivesse falando com pessoas íntimas. Esse é um dos mais fantásticos segredos dos oradores famosos.

✓ **Segredo n.º 4**
As 4 linguagens da comunicação humana: visual, auditiva, sinestésica e digital

As pessoas ouvem, pensam e veem de forma diferente, por esse motivo é necessário acessar as 4 linguagens para se comunicar com qualquer pessoa. Variar a forma de transmitir a mensagem, para ser melhor compreendido. Isso requer conhecimento adequado das diferentes linguagens e muito treino.

1. **Visual:** olhar, ver e imaginar ("eu penso em figuras").
2. **Auditiva:** ouvir, escutar ("eu penso em palavras, ideias").
3. **Sinestésica:** sentimento e conexão (sensações: abraçar, segurar, tocar).
4. **Digital:** pensamento e raciocínio.

Exemplos:
1. Robin Williams.
2. Ronald Reagan.
3. Jamie Fox.
4. Albert Einstein, Bill Gates (dados e análise).

✓ **Segredo n.º 5**
Paixão autêntica (emoção).

Assim como Barack Obama, os melhores comunicadores do mundo têm consciência de que os seres humanos são levados a agir pelos sentimentos. As sensações falam mais que o coração. O prêmio que o orador deve oferecer à sua plateia é a sua paixão autêntica. Compartilhar a paixão que existe dentro de nós não importa de qual tema, a fim de penetrar em seus corações. A paixão autêntica pode ser resultado de uma experiência triste em sua vida. Você pode utilizá-la para demonstrar como conseguiu superar e transformá-la em vitória!

O segredo da apresentação oral é gerar emoções. É através das emoções que os seres humanos se movem em seus instintos e em seus corações. E somente quando os seres humanos são *tocados* desta maneira é que eles mudam seu modo de pensar e agir.

06. Charles Chaplin (Londres, 16 de abril de 1889 – Corsier-sur-Vevey, 25 de dezembro de 1977)

Discurso extraído do filme *O grande ditador*

– Você deve falar.
– Eu não posso.
– Você deve, é a nossa única esperança.

(Início do discurso)

"Desculpem, mas se eu não quero ser um imperador, esse não é o meu ofício. Eu não quero conquistar, nem governar ninguém.

Eu gostaria de ajudar todos sempre que possível: judeus, não judeus, negros e brancos.

A ganância envenenou a alma do homem, criou uma barreira de ódio, nos guiou no caminho de assassinato e sofrimento.

O avião e o rádio nos aproximaram, a natureza dessas invenções grita em desespero pela bondade do homem. Grita pela irmandade universal e a unidade de todos nós. Você é homem! Você tem o amor da humanidade em seu coração. Soldados, não lutem pela escravidão, lutem pela liberdade!

Vamos lutar para libertar o mundo, para sumir com as barreiras racionais, para sumir com a ganância, ódio e intolerância. Vamos lutar por um mundo de razão.

No décimo sétimo capítulo de São Lucas, está escrito: 'O reino de Deus está dentro do Homem'. Não de um homem nem de um grupo de homens, mas em todos os homens, em você! Vocês, as pessoas, têm o poder! O poder de criar máquinas, o poder de criar felicidade. Vocês, as pessoas, têm o poder de fazer essa vida linda e livre, de fazer dessa vida uma aventura maravilhosa.

Vocês têm o amor da humanidade em seu coração. Soldados, não lutem pela escravidão, lutem pela liberdade! Vamos lutar para libertar o mundo, para sumir com as barreiras racionais, para sumir com a ganância, ódio e intolerância. Vamos lutar por um mundo de razão. Um mundo em que a ciência e o progresso vão levar a felicidade a todos. Soldados, em nome da democracia: Vamos todos nos unir!"

07. Padre Fabio de Melo (Formiga, 3 de abril de 1971)

"**Matrimônio é território santo**" – Pregação num evento da Canção Nova, São Paulo

"Senhor, me ajuda a descobrir a palavra certa para eu pregar para esses casais. Para estas famílias que me acompanharam pela TV. Para estas famílias que estarão no centro de evangelização". E imediatamente veio na minha mente e no meu coração a imagem da sarça ardente.

Vamos pegar esta palavra? Está em *Êxodo*. Lá no início. O *Êxodo* é um livro lindo que fala do processo do povo de Deus descobrindo, dia a dia, a vocação para a liberdade. Mas essa liberdade só pode ser exercida à medida que o povo se descobre como propriedade do Senhor. A gente só pode ser livre se a gente tem dono, mas um dono que nos administra para o amor. Não é lindo isso?

Eu só posso ter um dono se aquele que é meu dono me administra para a liberdade e para o amor. O meu dono me ama, o meu dono cuida de mim. O meu dono tem apreço por mim.

Não estou falando de uma beleza estética, estou falando de um conjunto de elementos que eu identifico como necessários para a minha vida.

Amar é isso. É você descobrir que, no meio da multidão, existe alguém que não é multidão.

Eu me sinto menos abandonado nesse mundo cada vez que eu estou ao lado de uma pessoa que eu amo. É amor de complementos, você vai sendo para ele, em medidas pequenas, em medidas maiores, aquilo que ele precisa que você seja.

Aproximar-se do outro, minha gente, é você se responsabilizar, em antes de qualquer coisa, reconhecer o que Deus queria que Moisés reconhecesse naquele terreno. Tá fascinado? Tá encantado, Moisés? Pois é, tire as sandálias de seus pés porque eu já sou dono disso aqui.

É por isso que eu não acredito em um casamento que possa dar certo sem ter Deus antes na história. Como é que seu marido vai reconhecer a sacralidade do seu coração se ele não trouxer dentro do coração dele a consciência de tudo que você é porque Deus lhe deu? Você é um território santo!

Namoro tem que começar assim, quer entrar na minha vida? Tire a sandália dos seus pés. Eu não sou um território qualquer.

Se o seu amor não entrar na vida dessa mulher para ajudar a transformar esse amor em uma realidade, é melhor você não entrar. Ela viveu muito bem sem você e não está disposta a viver pior só porque você chegou.

Quando Deus não faz parte do casamento, quando Deus não faz parte do namoro, a chama tenta apagar, eu vou jogar água porque me incomoda.

O amor que não é amor ele vira competição. Ele vira disputa. É por isso que o amor que é apegado a Deus, o amor que é iniciado no amor de Deus, o amor congregado em Deus, iniciado em Deus e nele mantido será sempre um amor de promoção minha gente.

Eu me aproximo de uma sarça que arde e eu a reverencio como a um lugar sagrado que eu não posso banalizar. Porque tem gente que fica encantado só com o artifício do outro, não é? Muito linda, mas na hora que vai conhecendo...

O amor, para ser verdadeiro, para ser concreto, ele tem que passar pela fase da descoberta. Você tem que saber quem é o outro. E depois que é feita a equação, olha, mas isso é defeito, isso é qualidade, mas eu quero para minha vida.

Eu me lembro que, quando eu fiz esta música, "Marcas do eterno"[4], o que havia de gente que me encontrava, que me telefonava e falava assim: "Padre, tinha alguém apaixonada pelo senhor quando o senhor fez esta música? Tinha alguma mulher dando em cima do senhor?" Não, não tem nenhuma mulher merecendo esta música, não.

Interessante que depois, quando eu compus, quando eu gravei essa música, eu vi que ela era o retrato da minha consagração. Ela falava tudo que um padre precisa falar todos os dias. Se você quiser entrar na minha vida, tem que saber quem eu sou. Eu não posso ser o seu bonequinho, eu não posso ser o seu enfeite de estante.

Você tem que se apaixonar por aquilo que eu anuncio, por mim, não. Não venha me dar esse trabalho porque eu já tenho demais.

Mas aí todo mundo ficava pensando que eu fiz essa música para alguém que estava pegando no meu pé, mas não era. Essa música, minha gente, nasceu depois de um telefonema. Uma mulher muito digna, que eu tenho um respeito profundo. Nunca mais a vi.

Num determinado momento do dia, recebi um telefonema dela. Era uma voz de tristeza. Choro. Decepção.

---

4   Antes de você entrar na minha vida de se decidir por mim por minha história, haverá de ter clareza de saber bem quem eu sou / Pra depois não me dizer ter se enganado / Eu não posso ser o que você quiser / Sou bem mais do que os seus olhos / Podem ver. Se quiser seguir comigo / Eu lhe estendo a mão... mas não pode um só momento se esquecer / Sou consagrado ao meu Senhor / Solo sagrado eu sei que sou / Vida que o céu sacramentou, marcas do eterno estão em mim...

Ela me disse assim: "Padre, o meu marido me bateu tanto dessa vez que eu vou ter que ficar um bom tempo sem sair de casa, por causa da vergonha das marcas que ele deixou no meu rosto. Porque as marcas da alma, essas eu já tenho, padre, que viver o tempo todo, essas eu tenho que conviver com elas". Gente! Quando eu ouvi isso, a primeira frase que me veio eu disse a ela, "minha filha, nunca mais permita que ele bata em você. Chame a polícia, faça o que você tem que fazer. Marido agressor tem que ir para a cadeia! Você pode salvar seu casamento, mas ele tem de ir preso primeiro. Toda vez que ele levantar a mão contra você, recorda-te da passagem da sarça ardente e diga a ele do mesmo jeito que Moisés escutou de Deus, do mesmo jeito que Deus disse a Moisés: 'Retira as sandálias dos teus pés, porque este solo que pisas é santo'".
Agora, faça o favor de escutar os mesmos versos...
Antes de você entrar na minha vida...
Sabe por quê? Porque quem gosta de coleira é cachorro! Quem gosta de ficar preso é cachorro. Nem ele gosta.
Professor Felipe dizia, de maneira bonita, que o homem e a mulher são uma carne só. Como você vai agredir a sua própria carne?
Quando nosso casamento começa a se enveredar pelas agressões físicas, pelas agressões de palavras, pelo desrespeito mútuo, lembre-se de que você é uma sarça ardente... Quando esquecemos da sacralidade do outro, a relação vira objeto.

Outro dia estava vendo um grupo de amigas, estavam se preparando para participar de um curso de *streaptease*, você já imaginou que coisa ridícula? Você tem que se vestir de coelhinha. Você, depois de um dia inteiro de trabalho, ter que se prestar ao papel de chegar vestida de coelhinha, com aquele rabinho branquinho, com as orelhinhas penduradas, o seu marido de Batman, aquela barriga que lembra muito mais o curinga, aí vem aquela desculpa bonitinha: ah, isso é para incrementar a vida do casal.

Se o amor que você tem por ela não é o maior incremento que você pode dar a ela, vocês esqueçam, esqueça.

Não estou dizendo que vocês não podem ser criativos na vida sexual de vocês, não. Mas sejam criativos desde que a dignidade não se perca.

Vocês lembram daquela música, aquele pagode, que se chamava "Depois do prazer"? Aquilo parece uma bobagem, mas é verdade. Presta atenção naquela letra. Ela começa assim: "Tô fazendo amor com outra pessoa", já viu que tristeza é essa? E o ordinário reconhece. Mas meu coração vai ser pra sempre seu. Olha o absurdo.

O que o corpo faz a alma perdoa.

A parte que eu quero é aquela assim: "Vou dizer que é amor, vou jurar que é paixão...."

Se não tem amor, você chuta a coelhinha, a professorinha, o Batman. Se não tem amor, pode vestir a fantasia que for. Se não tem amor, depois do prazer você joga fora. A música tem razão.

Você não nasceu para isso, o amor do outro tem que lhe promover na sua dignidade. Eu sou homem, eu sou uma mulher e eu tenho dignidade. Em mim existe um amor antes de você chegar que você precisa respeitar. Eu não serei um território banal.

Você, que reconhece no seu coração hoje algum instrumental de opressão na vida do seu esposo ou de sua esposa, peça a Deus para arrancar isso agora.

Faça agora, diante de Deus, o compromisso de viver um amor respeitoso. De trazer para dentro de sua casa os princípios que o Evangelho nos sugere. Que a gente possa voltar a se amar de um jeito certo.

Que caia por terra todo o poder de opressão ao povo. Que caia por terra o desamor, a maldade, a mentira ... Deus que lhe conceda a graça de acreditar que você tem valor, que você é especial, que o fogo do Senhor está em seu coração. Que você é uma sarça ardente e que qualquer pessoa que quiser se aproximar terá que retirar as sandálias dos seus pés.

08. **Martin Luther King** (Atlanta, 15 de janeiro de 1929 – Mênfis, 4 de abril de 1968). Um dos mais importantes líderes do movimento dos direitos civis dos negros nos Estados Unidos, com uma campanha de amor ao próximo.

Trechos do discurso "Eu tenho um sonho hoje"

"Eu tenho um sonho hoje, que minhas pequenas quatro crianças um dia viverão numa nação onde não serão julgadas pela cor da sua pele, mas pelo conteúdo de seu caráter".

"*Eu tenho um sonho hoje*": esta é a mensagem incisiva e convincente de Luther King. A mensagem incisiva e convincente de Obama, que corresponde ao seu segundo segredo, é: "Sim nós podemos".

"Eu segurei muitas coisas em minhas mãos, e eu perdi tudo, mas tudo que eu coloquei nas mãos de Deus eu ainda possuo".

"E sempre há um perigo em que nós deixamos transparecer externamente que nós cremos em Deus, quando internamente, não. Nós dizemos com nossas bocas que nós cremos Nele, mas vivemos nossas vidas como se Ele nunca tivesse existido. Isto é um perigo sempre presente confrontando a religião. Isto é um tipo perigoso de ateísmo".

"Não somos o que deveríamos ser, não somos o que desejamos ser, não somos o que iriamos ser, mas graças a Deus não somos o que éramos".

"Nós apenas ficamos envolvidos em conseguir nossas contas bancárias graúdas que inconscientemente nos esquecemos de Deus. Nós não pretendíamos fazer isto".

09. Abraham Lincoln (Hodgenville, 12 de fevereiro de 1809 – Washington DC, 15 de abril de 1865). Político norte-americano, 16.º presidente dos Estados Unidos, liderou o país durante a Guerra Civil Americana, preservando a União e abolindo a escravidão.

Falando com Deus e sobre Deus

Senhor, minha preocupação não é se Deus está ao nosso lado, minha maior preocupação é estar ao lado de Deus porque Deus é sempre certo.
É difícil tornar infeliz o homem que se sente digno e louva o grande Deus que o criou.
Eu entendo que um homem pode olhar para baixo, para a terra e ser um ateu; mas não posso conceber que ele olhe para os céus e diga que não existe um Deus.
Estou ultimamente ocupado em ler a Bíblia. Tirai o que puderdes deste livro pelo raciocínio e o resto pela fé, e vivereis e morrereis um homem melhor.

10. Madre Teresa De Calcutá (Scopje, 26 de agosto de 1910 – Calcutá, 5 de setembro de 1997). Reconhecida como a missionária do século XX, foi beatificada pela Igreja católica em 2003.

Um coração transparente

A oração torna nossos corações transparentes, e só um coração transparente pode escutar a Deus.
Não vale muito o que dizemos, mas o que Deus nos revela e diz aos outros através de nós.
Todas as palavras são inúteis, se não brotam de nosso íntimo. Os animais foram criados pela mesma mão caridosa de Deus, que nos criou. É nosso dever protegê-los e promover o seu bem-estar.

Parte IV

PALAVRAS DE ESTÍMULO ÀS CRIANÇAS QUE DESEJAM SER ORADORAS, COMUNICADORAS E LÍDERES

Meu sonho é que cada criança que participe de meus cursos saia verdadeiramente transformada, apaixonada pela vida e se torne um verdadeiro poeta da existência.

O objetivo dos mesmos é contribuir de uma forma decisiva para que a criança aprenda a detectar e administrar as suas emoções mais básicas, exercite expor suas ideias, seus pensamentos e seus sentimentos. Aprenda a se autogerenciar e a aprimorar a delicada arte da comunicação.

Quando melhoramos nossa comunicação, simultaneamente, melhoramos também a nossa capacidade de pensar e raciocinar. Jacques Maritain, filósofo francês, fala que uma única palavra pode transformar um homem tirano num homem humilde e pacífico. A palavra é um instrumento sagrado, deve ser sempre um veículo de justiça, igualdade, ternura, bondade, solidariedade e sobretudo de ação!

O solene enterro do "Eu não consigo" (Um amoroso recado)

Neste momento da minha história, tenho descoberto que o medo, a insegurança e a timidez não têm poder para nos cegar, nos tornar confusos e impedir a vitória sobre todo tipo de magnetismo negativo a que a mente adere. Por esse motivo, podemos enterrar toda espécie de insegurança para sempre. Isto porque "o amor universal do Pai querido e seu cuidado para com tudo, flores, estrelas, pássaros, carneirinhos adormecidos, as tenras folhinhas que desabrocham sob o sol primaveril, abrange tudo no universo. Se o seu grande amor abrange tudo, será que esqueceria de mim, esqueceria de ti, seus filhos queridos? *Jamais!*" (Louise K. Cook. Grifo meu).

Para ilustrar esse pensamento, transcrevo uma bela história verdadeira, citada no livro da jornalista Rosana Braga, *O poder da gentileza*:

Mas eu não consigo...

Se o meu argumento ainda estiver preso a crenças limitantes como esta que adoramos repetir algumas vezes – "mas eu não consigo" – eu lhe digo que o "não consigo" já morreu... Veja o que houve com ele! Esta história foi contada por Chick Moorman, e aconteceu numa escola primária do estado de Michigan, Estados Unidos. Ele era supervisor e incentivador dos treinamentos que ali eram realizados, e um dia viveu uma experiência muito instrutiva, conforme ele mesmo narrou:

Tomei um lugar vazio no fundo da sala e assisti: todos os alunos estavam trabalhando numa tarefa, preenchendo uma folha de caderno com ideias e pensamentos.
Uma aluna de dez anos, mais próxima de mim, estava enchendo a folha de "não consigos". "Não consigo chutar a bola de futebol além da segunda base". "Não consigo fazer divisões longas com mais de três números". "Não consigo fazer com que a Debbie goste de mim".
Caminhei pela sala e notei que todos estavam escrevendo o que não conseguiam fazer. "Não consigo fazer dez flexões". "Não consigo comer um biscoito só". A esta altura, a atividade despertara a minha

curiosidade. Decidi verificar com a professora o que estava acontecendo e percebi que ela também estava ocupada, escrevendo uma lista de "não consigos".
Escreveram por mais dez minutos. A maioria encheu sua página. Alguns começaram outra. Depois foram instruídos a dobrar as folhas ao meio e colocá-las numa caixa de sapatos, vazia, que estava sobre a mesa da professora.

Quando todos os alunos haviam colocado as folhas na caixa, Donna (a professora) acrescentou as suas, tampou a caixa, colocou-a embaixo do braço e saiu pela porta do corredor. Os alunos a seguiram. E eu segui os alunos.

Logo à frente, a professora entrou na sala do zelador e saiu com uma pá. Depois seguiu ao pátio da escola, conduzindo os alunos até o canto mais distante do *playground*. Ali começou a cavar.

Era o enterro do "não consigo"?

Quando a escavação terminou, a caixa do "não consigo" foi depositada no fundo e rapidamente coberta com terra. Trinta e uma crianças de dez e onze anos permaneceram de pé, em torno da sepultura recém cavada. Donna então proferiu os louvores.

Amigos! Estamos hoje reunidos para honrar a memória do "não consigo". Enquanto esteve conosco aqui na Terra, ele tocou as vidas de todos nós, de alguns mais do que de outros. Seu nome, infelizmente, foi mencionado em cada: instituição pública – escolas, prefeituras, assembleias legislativas e até mesmo na Casa Branca. Providenciamos um local para seu

descanso final e uma lápide que contém seu epitáfio: "Permanecem vivos, mais do que nunca, seus irmãos e irmãs '*eu consigo*', '*eu vou*' e '*eu vou imediatamente*'. Que 'não consigo' possa descansar em paz e que todos os presentes possam retomar suas vidas sem ele. Amém".
Ao escutar suas palavras, entendi que aqueles alunos jamais esqueceriam a lição. A atividade era simbólica: uma metáfora da vida. O "não consigo" estava enterrado para sempre.
Logo após, a sábia professora encaminhou os alunos de volta à classe e promoveu uma festa. Como parte da celebração, Donna recortou uma grande lápide de papelão e escreveu as palavras "não consigo" no topo, "descanse em PAZ" no centro, e a data embaixo.
A lápide de papel ficou pendurada na sala de aula de Donna durante o resto do ano. Nas raras ocasiões em que um aluno se esquecia e dizia "não consigo", Donna simplesmente apontava o cartaz, lembrando que aquela condição estava morta, e reformulava a frase.
Eu não era aluno de Donna. Ela era minha aluna. Ainda assim, naquele dia aprendi uma lição dourada com ela. Agora, alguns anos depois, sempre que ouço a frase "não consigo", vejo imagens daquele funeral da quarta série. Como os alunos, eu também me lembro de que "não consigo" está morto e enterrado.

Pedimos licença para os autores de tão justa e significativa solenidade, para realizarmos também, o enterro do ex-perturbador "Sr. Medo" e proclamarmos com muita alegria e entusiasmo...

Adeus, Sr. Medo de falar em público!

Citando Abraham Lincoln, "não sou obrigado a vencer, mas tenho o dever de ser verdadeiro. Não sou obrigado a alcançar sucesso, mas tenho o dever de corresponder e refletir a luz que me ilumina e que habita dentro de mim".

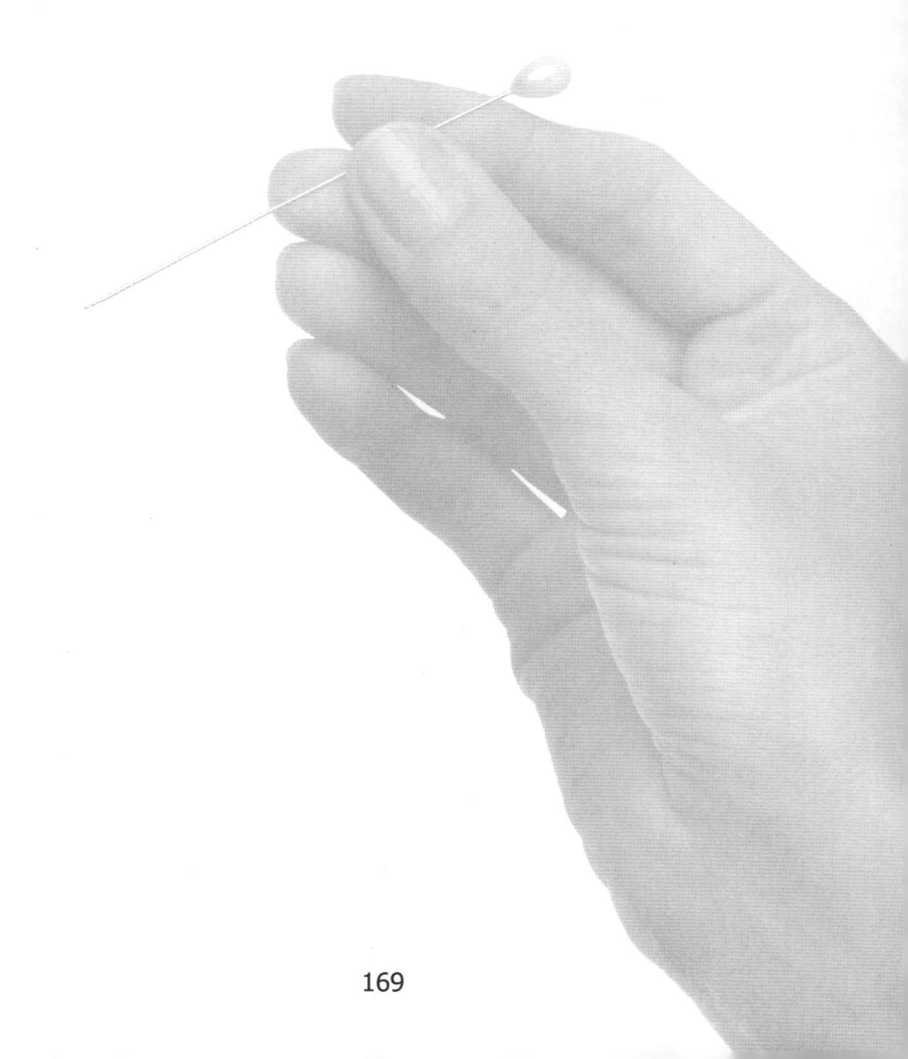

BIBLIOGRAFIA

ASSIS, Frei Paulo Avelino de. *O altar e seu poder de comunicação*. São Paulo: Centro Bíblico Católico, s.d.

BRASILEIRO, Agenor. *Frases que nos aproximam de Deus. Citações de grandes personalidades da História para o seu fortalecimento espiritual.* Castro: Página Um, 2014.

CÂMARA, João Meirelles. *Técnicas de oratória forense e parlamentar.* São Paulo: Acadêmica, 1989.

CAMPOS, Dinah Martins de Souza. *Criatividade, técnicas e atividades.* Rio de Janeiro: Sprint, 1987.

CARNEIRO, Marcelo Mota. *A supremacia do homem: teoria e exercício de treinamento inventivo.* Curitiba: Vicentina, 1985.

CASTELLIANO, Tânia. *É tempo de falar em público.* São Paulo: Record, 1997.

CERLING Junior, Charles. *Liberte-se dos maus hábitos.* São Paulo: Candeia, 1988.

CLINTON, Hillary. *Hillary Clinton por ela mesma.* Rio de Janeiro: Alta Books, 2015.

COOK, Louise Knight Wheatley. O triunfo do bem. *Christian Science Sentinel*, Boston, 1º fev. 1941.

CURY, Augusto Jorge. *Dez leis para ser feliz.* Rio de Janeiro: Sextante, 2013.

FLORES, José H. Prado. *Formação de líderes. Renovação carismática.* Rio de Janeiro: Edições Louva-a-Deus, 1989.

FROMM, Erich. *A arte de amar.* São Paulo: Martins Fontes, 2015.

LARRANÃGA, Inacio. *Mostra-me teu rosto. Caminho para a intimidade com Deus.* São Paulo: Paulinas, 2007.

LUCA, Daniel de. *Oratória Forense.* [S.l: s.n.].

MARINHO, Robson M. *A arte de pregar. Como alcançar o ouvinte pós-moderno.* São Paulo: Edições Vida Nova, 2008.

MASCARENHAS, Eduardo. *Alcoolismo.* Rio de Janeiro: Saraiva, 1986.

OLIVEIRA, Marques. *Como conquistar falando.* São Paulo: Ediouro, 1980.

RAMOS, Admir. *A arte do orador.* São Paulo: Lisa livros irradiantes, 1971.

SHOR, Ira; FREIRE, Paulo. *Medo e ousadia. O cotidiano do professor.* Rio de Janeiro: Paz e Terra, 1986.

SIMMONS, Harry. *Falar em público, as técnicas mais eficientes.* Rio de Janeiro: Record, 1989.

SOBRINHO, Antonio Faustino Porto. Antologia da Eloquência Universal, de Péricles a Churchill. São Paulo: Ediouro, 1967.

V.A. *Superdicas para ensinar e aprender.* São Paulo: Saraiva, 2008.

ANEXO 1

O que é oratória

Oratória é a ciência e a arte de falar com clareza diante de um público. É uma palavra latina que significa: falar, argumentar, declamar, discursar e convencer.

✧ ✧ ✧

A oratória é uma arte dramática. É a arte de dizer alguma coisa que se preparou de antemão e representá-la. Mas o maior desafio ainda continua sendo a habilidade de administrar o microfone e enfrentar a plateia.

✧ ✧ ✧

Muitas vezes se dizem verdades de forma tão abafada e acabrunhada que parecem mentiras, e outras vezes, fala-se mentira com tanta convicção, clareza e inflexão que parece verdade. Para todas essas distorções, a oratória é um remédio eficaz.

✧ ✧ ✧

Quando um homem sofre ao expressar o que deseja e o que sente, por ansiedade, medo, timidez ou por um obscuro processo de raciocínio, sua personalidade se anula, se ofusca ou se confunde.

✧ ✧ ✧

A postura, as ideias, o olhar, a fala, o ouvir e os gestos expressam a essência da personalidade de cada um. A indiferença, a inconsciência, o desleixo quanto ao conhecimento de sua própria realidade produzem inúmeros desastres na comunicação, resultando em frustração e sentimentos de derrota.

✧ ✧ ✧

> **Para pensar**
>
> "Apresente-me um homem apaixonado por Deus, e eu farei dele um grande orador". (*Henri Dominique Lacordaire*)
>
> "Qualquer conhecimento que não mude a qualidade de vida é estéril e de valor questionável". (*John Powell*)

ANEXO 2

A quem interessa a oratória

Saber se comunicar interessa a todas as pessoas de modo geral. Saber conversar, dialogar e se relacionar, mantendo boa postura de conversa e comunicação, é fator importante para obter sucesso em todas as situações da vida.

Mas há quem necessite ter mais habilidade na comunicação, principalmente por exigência da profissão e por lidar constantemente com o público. Assim, tanto um professor como um advogado, e mesmo o vendedor de qualquer produto, necessitam de boa habilidade no falar e no se expressar.

Aprender e aperfeiçoar as habilidades da oratória é um dever e uma necessidade de todas as pessoas, e muito especialmente deve interessar às empresas, bancos, colégios, tribunais, sindicatos, faculdades, comunidades religiosas, seminários, políticos, donas de casa, professores, jornalistas, palestrantes e demais profissões que se utilizam da comunicação como forma de vida e de sobrevivência.

Esta obra foi composta em CTcP
Capa: Supremo 250g – Miolo: Pólen Soft 80g
Impressão e acabamento
Gráfica e Editora Santuário